GRACIAS

POR

EXISTIR

Gracias

por

Existir

La

Vida

Es un

Juego

Aquellos que buscan lejos, nunca verán lo que tienen cerca

Los misterios de la vida, nos lleva por caminos increíbles.

Motiva tu vida
y conquista lo
que por
añadidura
Te pertenece

Eres un ser
perfecto
Libérate del
Polvo del
Camino.

Somos seres
Pensantes
Moviéndonos
Sobre una
Superficie
Llamada
Planeta.

Nuestro alimento
Espiritual
Es suministrado
Por una atadura que
nos une a la madre
tierra,

Muchos critican

Lo que ignoran

Y difunden

teorías

infundadas en

su frustración.

Queremos arreglar un mundo sin antes arreglarnos nosotros.

Buscamos lejos
lo que tenemos
cerca.
Somos una
realidad
inexistente,

Los vampiros de ideas leen a otros para desarrollar sus propias versiones,

Cada uno busca ayuda de acuerdo a su creencia.

La verdad es
una sola,
La vida está
compuesta de
muchas trampas
y nadie está
exento de ello.

La vida es un arte y solo logra conquistarla el que logra sonreír frente al dolor, el sufrimiento y la muerte,

El karma existe mientras creas que tus males provienen de hechos anteriores.

Triunfa frente al dolor y la Miseria y nadie te detendrá.

Frente a ti esta
la puerta que
conduce al
Éxito, te la
ganaste por tu
esfuerzo y
sacrificio.

"El saber
Enriquece al
que lo recibe,
sin empobrecer a
quien lo da"

"Tratar de conocer toda la verdad es imposible, pero puedes aprender a vivir en ella"

El conocimiento que puedas adquirir en esta página, será producto de tu propio esfuerzo

"Si sabes mover montañas, por favor no participes, aquí solo están los que quieren aprender a moverla"

La humanidad se niega aceptar, que otro conozca la verdad, es por eso que pregunta:
¿Qué es la verdad?

¡Quien no entiende el camino, se pierde buscándolo!

"Quien entiende la vida, entiende sus trampas y con ello conquista la vida eterna"

"La raíz existe en todo lo que mantenga una forma, aunque esta sea mental"

"La raíz crea motivación, movimiento y vida"

¡Sin embargo le damos crédito a lo que vemos!

¡La fe es una nave y la esperanza es el timón que nos permite llegar a puerto seguro!

"Somos una hoja dentro de ese hermoso árbol llamado humanidad"

"Lo que comenzó en la raíz, llego a su estado máximo de desarrollo al convertirse en una flor"

"El árbol mayor creo las suficientes variedades para formar un conjunto"

"Somos una gran manifestación, visible e invisible, conquistando un espacio de tiempo"

"Alegra tu corazón y dile a tu árbol que tu reconoces su grandeza y que agradeces el formar parte del mismo"

"Vivir es la mejor forma de vivir, porque viviendo vivirás en la eternidad del tiempo"

"Limpia la superficie del polvo del camino y brilla con ese color que te identifica como especie"

"Nuestra vida se compara con una gota de agua en un gran océano"

"Concédele a tu alma la oportunidad de vivir y ella te dará la vida eterna"

"Los recuerdos de los que partieron siempre vivirán en nuestra memoria, el espíritu muere, pero el alma vive eternamente"

"Esperar por una solución divina es una de las tantas formas de controlarnos"

"El humano se mira como un solo ser, cuando en verdad somos parte de varios componentes"

"Cada componente o elemento es eterno dentro de su propia forma"

El aire es un elemento que siempre existirá, pero dentro de nosotros tiene un tiempo de existencia"

Tus estas
En mí,
Yo estoy
En ti,
Tu estas
Conmigo.

Juanelmanu

Aurora Lastra SOY DE CD. OBREGON, SONORA... VIVO EN TOLUCA, MEXICO. ..SIEMPRE ME PREGUNTÉ PORQUE TENÍA QUE VIVIR EN CD.EN LAS QUE NUNCA SOÑÉ VIVIR, NO SABÍA PORQUE Y PARA QUE , ME DECÍA ÉSTE NO ES MI LUGAR, NO PERTENEZCO AQUÍ, Y SEGUÍA HASTA QUE TÚ MI QUERIDO AMIGO **Juan Roberto Pérez** , ME RESCATASTE, PERO FUÉ HASTA QUE MI AMADA MADRE FALLECIÓ...RECIBÍ UN MENSAJE TUYO DE ADVERTENCIA SOBRE LO QUE NO DEBÍA HACER Y POCO A POCO HE PODIDO DESCUBRIR A QUE VINE AQUI, ME HA COSTADO DESAPEGARME DE MUCHAS CREENCIAS ANCESTRALES, SOBRE TODO CREENCIAS CRISTIANAS QUE DURANTE MUCHOS AÑOS ME INCULCARON, PERO NO OBTENIA RESPUESTAS A MIS INQUIETUDES. GRACIAS POR EXISTIR Y RESCATARME DÍA A DÍA CON TU SABIDURÍA... 🩶<3

HÉCTOR DAVID RIVAS CAMPOS
JUCUAPA USULUTAN EL SALVADOR
MI MOTIVO PARA PREGUNTAR ES
QUE NADA DE LO LEÍDO ANTES
QUE TU. ME CONMOVIÓ EN LAS
CREENCIAS QUE TENIA. AUNQUE
DEBO DECIR QUE HAY PREGUNTAS
QUE NO HE ENCONTRADO
RESPUESTAS:
QUE ME ATA EL CONOCIMIENTO
ADQUIRIDO, QUE NO SOY LIBRE.
POR QUÉ NO PUEDO ENTENDER
QUE ES VERDADERO Y QUE ES
FALSO.
SOY ESENCIA Y ME GUSTARÍA
TRASMUTAR LAS TINIEBLAS EN
LUZ.
TÚ ESTAS EN MÍ
YO ESTOY EN TI
TÚ ESTÁS CONMIGO.

MOTIVACION

Después de caminar un largo trecho, sentimos el deseo de parar, nuestros músculos ya no responden con la misma fortaleza, el cansancio invade nuestro cuerpo y nos detenemos sin pensarlo dos veces.

Buscamos la sombra de algún árbol y allí en silencio nos dejamos llevar por el agotamiento, minuto después estamos profundamente dormido.

Nuestro cuerpo necesita del descanso para recuperar la energía, que nos había ayudado a movernos.

Nuestra vida está basada en dos formas de existencia, una está llena de actividad y la otra está llena de reposo, ambas necesarias para continuar viviendo la experiencia de la carne.

El sabio nunca descansa, el reposo le sirve para visualizar los proyectos, que le ayudaran a conquistar el camino.

Mientras descansa nuestro organismo, nuestra alma sale y se nutre de información necesaria para lograr el éxito.

Dominar la técnica, es dominar las emociones y funciones que nos motivan a vivir.

La vida es un arte y quien descubre los

instrumentos, creara una gran manifestación que nos llenara de satisfacción y orgullo, cuando nos detengamos a contemplar la misma.

Recordar nuestro origen será motivo de orgullo, cuando de una simple partícula de polvo, nos transformamos en una hermosa estatua, la cual perdurara a través de muchos siglos.

Tu función, es llegar a conquistar con tu esmero y sacrificio el pedestal, que te consagra como persona realizada.

Al pulir las asperezas de la vida, la superficie que te envuelve mantendrá la forma perfecta que tú y solo tú puedes proporcionarte.

Te invito, a convertir tu vida en una obra que perdure por muchos siglos y esto solo tú lo puedes adquirir.

Eres un ser perfecto, solo tienes que liberarte del polvo del camino y alumbrar tu vida con tu luz propia.

"Recuerda solo encuentra la verdad quien la busca"

Cuando observamos las figuras talladas en piedra y contemplamos con detenimiento la obra, nos sentimos alegres y contentos de saber que con MOTIVACION y esmero, la obra adquiere valor.

Motiva tu vida y conquista lo que por

añadidura siempre te ha pertenecido.
No olvides nunca, la lesión de vida que
siempre te dejo con amor.
TU ESTAS EN MÍ
YO ESTOY EN TI
TU ESTAS CONMIGO.

RESPUESTA

Somos seres pensantes moviéndonos
sobre una superficie llamada planeta.
Creemos que vemos, sin embargo somos
ciegos frente a una realidad que cambia
por segundo.
Dentro de todo ese cambio, están los
pensantes, aquellos que con preocupación
tratan de buscar una solución a tan difícil
problema.
Estamos de parto y los dolores son
intensos.
Buscamos dentro de la placenta el tratar
de descubrir dónde y porque estamos en
ese sitio.
Sin embargo todavía carecemos de vida
propia.
Nuestro alimento es suministrado por una
atadura que nos une a nuestra madre
tierra.
Buscamos orientación en personas que
dicen estar guiados por entidades
superiores.
Es tanta la desinformación y todos viven
buscando más aun, insatisfechos de lo que
han escuchado, tratan de descubrir
dentro de la mentira un ápice de verdad y
la lucha continua, nuestra mente se rinde
frente a tanta locura y sentimos la
frustración de no poder encontrar la luz

que se nos ha prometido.

La ciencia cada día trata de encontrar los secretos que encierra nuestro universo y los adelantos les hacen rectificar el rumbo.

Muchos critican lo que ignoran y de esa forma contribuyen a difundir sus teorías infundadas en su propia frustración.

Muchos critican las religiones y la forma en que esta ha venido imponiendo su criterio, sin embargo ellos de estar dentro de alguna de las religiones criticadas, estarían haciéndolo mucho peor.

Incomprensión, desamor, envidia, odio, racismo, fanatismo, son muchas de las causas de vernos envueltos en tantos conflictos.

Queremos arreglar el mundo sin antes arreglarnos nosotros.

La envidia y el ego, caminan cogidas de la mano, las dos conspirando para convencerte que su lado es el único y verdadero.

"Buscamos lejos, lo que tenemos cerca" Rechazamos lo real, para perseguir la mentira.

Luego cuando vemos de cerca el fracaso, entonces corremos, retrocedemos y esperamos que nos reciban de nuevo con afecto y simpatía.

No me gusta ni mendigar mi lugar, ni

rogar para que me escuchen.

Para muchos soy uno de los tantos egos centristas manipuladores de mentes, que pululan en nuestro alrededor.

Lo que ustedes han venido leyendo día tras día, es solo una ínfima porción de todo lo que he visto.

Es triste encontrar personas que a la altura del juego llamada vida, estén llevando a sus grupos ideas y conceptos que hoy en día ya se sabe de sobra que no reflejan nada real, sin embargo estas personas se aferran a esa idea que durante años ellos estuvieron adorando.

Hasta que alguien descubrió en las tablas de barro, la historia de los Anunnaki, nadie hablaba de esos señores, ahora todo es Reptiliano, draconiano y un sinfín de ANOS.

Todos son expertos en la materia y la desinformación continua, esta vez llenando de cuentos fantásticos, concebido por cerebros enfermos.

Unas veces por control y otras por dirección, la desinformación penetra dentro de nosotros y de esa forma nunca vamos a encontrar la realidad que no EXISTE.

Mientras estés viendo lo que ellos quieren que veas, estarás perdido tratando de salir de un túnel imaginario.

Somos una realidad inexistente, proyectada desde otro mundo también inexistente y la continuidad del mal comenzó hace apenas unos cuantos millones de años.

Los arqueólogos cada vez descubren más rastros que solo han sido puestos allí para continuar la falsa imagen que somos herederos de una cultura mucho más avanzada.

El mundo entero retrata todos los días, las luces y las formas que son proyectadas en nuestros cielos.

Dioses, ángeles, naves espaciales de todos los tipos y colores, y el fanatismo por decirlo de algún modo, continúa.

La variedad de seres ya ha sido contada y se clasifican en muchas especies, todas llenas de las más horribles figuras.

Todo eso es para decirte que los de afuera son diferentes a los de adentro.

De esa forma nunca descubrirás que eres un ser idéntico a todo los que existen en ese inmenso universo, donde ellos al igual que nosotros están repitiendo las mismas preguntas...

¿Quién soy? ¿De dónde vengo? ¿Hacia dónde vamos cuando partimos? ¿Existe vida después de la muerte? ¿Habrá vida en ese planeta azul, que acaban de descubrir y que se llama tierra?

Cuando alguno de los que vivimos en este precioso tiempo, traspasa la barrera y se conecta con su propia esencia, entonces esos están locos y la humanidad se apura en destruirlo ya que así nunca conocerá la realidad de su procedencia.

Para aquellos que me preguntan dónde están mis libros, le diré que solo existe una manera de conseguirlo y es por Amazon, este ya se encuentra funcionando en México, pero también están en muchas partes del mundo.

Existen los vampiros de ideas, esos que viven leyendo a otros para luego desarrollar sus propias versiones, llenando de palabras sofisticadas sus escritos.

Esos leerán pero no captaran nunca el mensaje oculto que mis libros encierran. El ejemplo es claro, uno puede comprar un frasco de perfume, este lo ponen en un cristal decorativo y dentro observamos el líquido que está contenido en el mismo, sin embargo desde fuera, no podemos percibir la ESENCIA.

Si puedes entender esto, podrás al leerme entender otras muchas cosas.

Espero continuar llevando luz, a todos aquellos que con alegría la esperan.

"Yo solo sé, que he dicho mucho más de

lo permitido"
©Juanelmanu

EL RETORNO

Cada uno de nosotros, vive obsesionado con las ideas creadas por otros.
La mayoría de la humanidad vive con la esperanza, que las sagradas escrituras se han encargado de decirnos.
Así pude escuchar al pastor que con palabras de confort nos leía la biblia.
Se nos habló del retorno del Divino Maestro y de su promesa de regresar para devolver a la vida a los que un día, partieron dejando en nosotros el recuerdo inolvidable de su presencia.
Mientras escuchaba esas palabras frente al féretro de mi hermana, amiga, esposa, madre de mis hijos.
Pude recordar cuando hablamos por teléfono y ella me conto que se sentía sin fuerza y con mucho dolor en todos los huesos.
Los últimos años fueron para ella bien difíciles, fracturas en los huesos en diferentes partes de su cuerpo, nos anunciaba que la vejez nos había alcanzado.
El Anciano de los Días, maestro en el difícil arte de CREAR, nos permite renovarnos haciendo que el dolor y el

sufrimiento se transforme en dicha y
alegría, en aquellos que observaron la
regla del juego.

"Si señores, La Vida es un Juego"
Unos ganan conocimiento y sabiduría y
otros pierden y se sumen en la cadena
invisible que los demorara en su eterno
andar.

El día que Conchita me notifico la noticia
de su enfermedad, le dije:

Hemos vividos 74 años, ninguno de los
dos pensamos nunca haber vivido tanto
tiempo, estamos listos para encontrarnos
de nuevo con el Anciano y ese momento
será una recompensa.

Y continúe diciendo:

Veras cosas lindas y hermosas, pero por
favor no te quedes, la humanidad necesita
saber que lo anunciado por mi todo es
cierto y tú eres la portadora de esa
esperanza.

Volverás a la vida, pero esta vez, traerás
contigo todo el conocimiento y la
sabiduría que te será entregado.

Con alegría acepto el reto y sin demora
me dijo:

"TE LO PROMETO, VOLVERE Y
TRAERE CONMIGO EL NUEVO
MENSAJE QUE TU NOS HAS ESTADO
DICIENDO"

El Alma de Conchita volverá a encarnar

en la persona que ya se ha seleccionado y la abuela está loca de alegría de saber que su hermana Concheta, será su nieta.

"Públicamente agradezco al Anciano por dejarme hacer mi voluntad en este momento"

"Aquellos que han estado mirando a lo lejos, nunca verán lo que tuvieron cerca" Los misterios de la vida, nos lleva por caminos increíbles, nunca Conchita pudo imaginarse que regresaría a la vida por medio de la hija de nuestra hermana y amiga de toda una eternidad.

"Así está escrito, así será"

YO SOY EL CAMINO
LA VERDAD Y LA VIDA
QUIEN LLEGA A MI
TENDRA VIDA ETERNA.

Juanelmanu

Debo aclarar que ella ya regreso, aunque fue por otra familia.

El anciano sabrá porque lo hizo de ese modo.

Para mí solo queda esperar que crezca y comience a narrar todo lo que aprendió en tan corto tiempo de ausencia.

QUIENES SOMOS.

Esta pregunta se la hecho todo el mundo. Las contestas han sido muchas y cada uno le ha dado un significado diferente.

Para algunos desde su nacimiento han estado escuchando que somos el producto de una gran desobediencia y que se le dio por llamar "el pecado original"

Este pecado creado para poder explicar nuestra existencia "nunca sucedió"

¿Y porque digo que nunca sucedió? Sencillamente porque los que recogieron la información se apuraron en eliminar lo sucedido después del diluvio universal y con ello borraron la existencia de vida en otros planetas.

Eso no quiere decir que ese conocimiento no era desconocido, simplemente se acordó mantener el secreto y solo una elite de personas seleccionadas eran poseedores de aquel acontecimiento.

Muchos hablan de los Anunnaki, pero son pocos los que han comprendido que ellos no son los creadores de la existencia humana.

Imposible que ellos mismos se crearan y esto es algo que han pasado por alto aquellos que sin razonar se han atrevido a crear un estado de opinión.

Estos malos informadores que viven como vampiros robando ideas de otros, solo hacen comentarios favorables a su forma de ver la vida y con ellos logran su objetivo, para seguir viviendo de la ignorancia ajena.

Solo tienes que entrar a YouTube y observar los más populares, esos que escriben y publican sus videos con profesionalismo, aportando un sin número de imágenes que les ayuda a desarrollar sus comentarios y que por lo general tienen una cantidad considerable de seguidores y que por supuesto esto les convierte en una forma de vida, ya que están recibiendo una remuneración por la cantidad de personas que visitan sus videos.

Los temas varían desde religión hasta política…

Desde extraterrestre hasta intraterrestre.

Desde Anunnaki hasta Reptiliano.

De Jesús ya no tienen más nada que decir, así que lo han convertido en un extraterrestre clonado por los arcontes.

Entre más exagerada sea la información más idiotas se unen a esa información.

Y es que la idiotez se ha convertido en un modo de decir, mírame yo también aspiro a tener un lugar dentro de este mundo de idioteces.

"Pobre de aquellos que no sepan por qué se han convertido en idiotas"
Sin ofender a los nacidos con características especiales y que al final demostraran que tienen un alto grado de evolución, ya que nadie los podrá convencer de que adopten una forma de ser diferente...
Llegar a este plano de existencia que no es el primero, ni el ultimo y vivir la experiencia de ser una persona especial, es una virtud que a todos no nos toca. Nosotros vivimos sufriendo lo que vemos, sufrimos al contemplar como a nuestro alrededor una persona pierde su existencia en cuestiones que no tienen ningún sentido común.
Muchos son los que se escudan tras la justificación de que todos no estamos al mismo nivel, sin embargo todos hemos pasado por el mismo procedimiento una y otra vez, nacer, crecer y morir, para volver en el mismo ciclo de existencia hasta que logremos encontrar nuestra razón de ser.
"Vivir por vivir, no es vivir"
Algunos se sentirán ofendidos y otros alagados, pero así es el tiempo que nos toca vivir, donde aceptar es rechazar y rechazar es aceptar.
El mundo está compuesto de millones de a

Habitantes, pero cada uno defiende lo que para su razonamiento es lo correcto. Mientras unos odian, otros perdonan y la confusión es tal que el perdón es analizado por muchos como una debilidad frente a los que odian.

Enfrentarte al desastre es no querer ser partícipe del mismo y esto solo te ganara el odio de los indiferentes, esos que por ignorantes siguen la marcha de la música de moda.

Si los mayores están perdidos dentro de su propia mentira, que podemos decir de los jóvenes que viven el aquí y ahora como lo único existente.

Mirar hacia el horizonte es algo pecaminoso, ya que solo pueden mirar algunos las pisadas que dan en su diario vivir.

La humanidad camina mirando al piso, para muchos ese es un modo de evitar la caída, para otros ese es un modo de dejar de vivir, ya que estos nunca contemplan los colores vivos de un atardecer hermoso.

"Vivir por vivir, no es vivir, es malgastar tu dorado tiempo en cosas que al final no te darán el provecho que necesitas"

"Quien no hace la tarea de la escuela, nunca repasa la lección que recibe"

Hace poco pude descubrir cuantos en YouTube se han convertidos en profetas del sol, algunos hasta han creado un sistema a seguir para lograr según ellos el mayor aprovechamiento de esa energía. Seguimos criticando a los programadores y volvemos a caer en una nueva versión.

Anteriormente dije que mi comunión con el sol y el objetivo que logre, fue producto de mi trabajo, donde a diario tenia necesariamente que observa desde la carretera como se ponía el sol.

En mi lucha contra mi propia vida, deseaba un cambio, algo que me transformara, dejando atrás aquel cuerpo que no había sabido manejar y que por ignorante no lo había valorizado.

No fue de un día para otro, fue un deseo constante y un afán de lograr que aquel astro poderoso transformara para bien de la humanidad ese cuerpo.

Fue así como logre encontrar la palabra exacta que repetida una y otra vez, llegaría a transformarme en lo que soy.

¿Y que soy?

¡Soy un ser diferente, amante de las cosas simples y fáciles, mientras observo las difíciles como se disuelven al ser solo trampas de un momento que nunca existió!

Hoy estoy en casa, aceptando un catarro que me permite sentirme humano…

¿Puedes entender esto?

El estar hoy enfermo me ayuda a sentirme humano, me ayuda a comprender las miles de personas que hoy sufren un dolor, una perdida, una enfermedad y eso es pan de gloria para mí, ya que nunca me enfermo y cuando algo me ha sucedido, siempre me apuro en decir:

Gracias padre por permitirme compartir el sufrimiento de una humanidad que no entiende tu designio.

Mientras tú luchas con tus propias manos para vencer los obstáculos y pruebas que la vida te da, yo seguiré sintiendo los latidos de mi corazón, unas veces suaves y otras veces fuerte, unas veces débil y otras veces diferente, (todos estamos sujetos a los cambios que el planeta está recibiendo y que no nos hemos percatado de ello)

La tierra crece por segundo y se acomoda a su nuevo tamaño, mientras nosotros ignorantes de la realidad que no existe, creemos conocer los secretos que vemos pero no entendemos.

YO SOY EL CAMINO
VERDAD DE VIDA
QUIEN LLEGA A MI
TENDRA VIDA ETERNA.
Juanelmanu

ENCONTRANDO RESPUESTAS

Para los hermanos y amigos que durante mucho tiempo han estado esperando por esta oportunidad.

He aquí mi oferta:

Estoy creando un libro donde quiero darles la oportunidad de formar parte del mismo.

Quiero que cada uno de ustedes formule sus preguntas, estas además de ser contestadas por Facebook, pasaran a formar parte del libro.

Cada pregunta llevara la nota que ustedes desean agregar.

Espero que los nombres de ustedes queden inmortalizados en la obra, ya que han mantenido la paciencia y el deseo de lograr conquistar la gran promesa.

Esa esperanza de lograr conquistar esta existencia y que ha sido el objetivo de ustedes en todo este tiempo, hoy tienes la oportunidad de conseguirlo.

Espero que cada uno de ustedes nos haga llegar esa pregunta que tantas veces te has hecho y que nunca lograste encontrar la respuesta.

Cada uno de ustedes recibirá una muestra del libro para su total aprobación, de ese modo podremos

aumentar o disminuir lo que ustedes
determinen.

Recuerda que yo solo voy a copiar y pegar
en el libro, así que lo haremos de acuerdo
a un patrón que bien pudiera ser este:

Nombre del participante.

Lugar donde vive, solo la ciudad y el país.

Nota diciendo por qué se sintió motivada
a escribir esta pregunta.

Algo más que quisiera decirnos sobre
usted y los conocimientos que siente
adquirió en todo este tiempo.

La pregunta y él porque nunca pudo
encontrar por sus propios medios la
respuesta.

Aquellos que sientan miedo, debo decirles
que es normal, todos sentimos miedo en
un momento de nuestra vida, pero el
miedo es el motor que impulsa hacia el
valor de la acción.

¡Adelante quiero ver las primeras
preguntas!

"ESTAMOS AQUÍ PARA CRECER
JUNTOS"

Te asombraras cuando veas cual es el
título…

Tú estás en mí

Yo estoy en ti

Tú estás conmigo

Juanelmanu

Yop Velásquez

¿Cómo recordar que soy la UNIDAD?

¡Solo el conocimiento te lleva de regreso!
La verdad nos libera del sufrimiento,
pero no de la responsabilidad que
tenemos con nosotros mismos.
Mientras la humanidad busca la
respuesta, con cientos de preguntas, es
imposible que la luz penetre en tu mente.
La luz es el conocimiento que te libera de
la oscuridad que por tu propio deseo te es
imposible liberar.
Cuando nos dijeron que éramos polvo y
que polvo volveríamos hacer, se les olvidó
mencionar los otros elementos que
componen nuestro organismo.
Tanto los que nos educaban en la
mentira, como los que vivimos
aceptándola, nos es imposible descubrir el
sentido que encierra la vida.
El deseo creo la vida y esta nos obligó a
continuar en el camino, creado por
nuestra propia necesidad de búsqueda.
Este es un secreto que te ayudara a
entender mejor tu vida.
"Los escritores de novelas, comienzan la
misma por el final"
¿Podrás entender esto?

Quien conoce el final de la novela, puede incorporar todo el trama que quiera, porque al final todo terminara en la forma que el visualizo en el comienzo.

"Despertar no es abrir los ojos"

¡Quien entienda esto, entenderá la vida! Vivimos en la miseria, porque no visualizamos otra cosa.

Crees que fue inútil el sacrificio de mi abuela para que yo pudiera ir a la escuela con mi ropa limpia, almidonada y planchada a mano.

Crees que fue inútil que mi abuela compartiera la poca comida que teníamos, con aquellos niños del barrio que ese día no iban a comer hasta que llegara su madre que estaba trabajando en la calle y que ellos al mediodía se sentaban en la acera para escuchar los episodios que daban en la radio y que les ayudaba a salir fuera de su círculo de pobreza.

Déjame decirte que en Cuba, los vecinos llegaron a odiarse y saber que la persona no estaba con el sistema era suficiente para tener que vivir sufriendo vejación y maltrato tanto físico como mental.

Todos en el barrio sabían que nosotros estábamos en Estados Unidos, sin embargo, mi abuela y mis tíos vivieron su vida hasta la muerte siendo respetados por todos, incluso la comida que llegaba a la bodega nunca mi abuela la fue a buscar.

La presidenta del comité de barrio, mandaba a su hija para que se encargara de buscar la comida que había llegado por la famosa libreta.

"Eso en Cuba, no podía existir ya que el odio inculcado y el miedo hicieron que los vecinos vivieran en un completo aislamiento"

Todo aquel sacrificio de mi abuela, se vio recompensado al volverla a encontrar y ver que en esta existencia había estudiado y había logrado tener un título de Dra. En psicología y vivir en compañía de un hombre bueno profesional igual que ella y de esa unión tener sus dos hijos.

"Yo agradezco al Anciano que me ha permitido poder contemplar la verdad detrás de las figuras"

Mi nombre: Kevin Daniel

Ciudad natal Culiacán México: una de las preguntas que me ha dado vueltas es como llega uno al recuerdo de nuestro origen divino desde el momento de la misma concepción y no solo al recuerdo si no a la vivencia tanto individual como colectiva y me refiero a sanar naturalmente el trauma del parto y despegarse de conceptos y normas de la sociedad en turno para no identificarse con la misma y poder observar la relación que hay entre una y todas las "culturas" ...como un seguro de vida relativamente un seguro de conciencia para cultivar nuestras verdaderas cualidades en tiempo y forma? ¿A veces considero que eso es una familia pero depende todo del grado alcanzado por el mismo ser? ¿Yo soy el arquitecto del ser? ¿Cómo salir del mecanicismo de lo irreal para entrar en la realidad consciente de sí misma, un cedro no crece de la noche a la mañana pero si es cortado y nace de nuevo seguirá siendo un cedro? ¿Cuál es el verdadero lenguaje del espíritu en todas las cosas? Como poder aprehender de las piedras de las plantas del aire del agua del fuego, estos asunto me son de interés y me gustaría hacer muchas más preguntas que aún no se cuáles son ja ja jajá te agradezco

Por tus escritos tal vez pienses, seguro sí que nada de eso es tuyo pero me alegra que estés aquí para lo, siempre me das un golpe de conciencia si se le puede llamar así jejenes

— 🎉celebrando este día especial.

El día que puedas entender que la realidad que nos rodea, solo es una manifestación de un conjunto de elementos que unidos dan vida a las formas, ese día podrás hablar con las piedras, los árboles, con el agua de los ríos y del mar y veras el fuego dando luz y creando sombras que se mueven al compás del viento.

Los controladores nos envolvieron en el manto de sus mentiras al hacernos creer que todo estaba supervisado por un gran espíritu y que este era grande y poderoso. Lo que no te dijeron es que ese espíritu es el aire que mueve las hojas en los arboles a capricho y que por momento se vuelve violento y feroz y levanta el árbol sacándolo del suelo que lo sostiene.

"Lo que nunca nos dijeron es que sin el ETER, los elementos no pueden agruparse y formar las figuras"

Entonces los ignorantes que son muchos, confunden y crean ideas de acuerdo a su CONOCIMIENTO y eso los convierte en desinformadores…

La fuente está llena de agua y esta nos permite entregarle nuestra experiencia y ella nos limpia para dejarnos comenzar de nuevo desde CERO.

Quien no conoce DESTINO, no puede nunca hablar de la fuente, ya que crearía una diferente a la que en verdad existe.

Muchos hablan de la fuente, pero solo son palabras huecas sin sentido, ya que ellos desconocen la procedencia de la misma y el lugar que ocupa en nuestra vida.

Nosotros podemos gracias a la magia por simpatía, crear nuestra propia fuente y revivirnos sin necesidad de morir.

Solo tienes que limpiar tu mente de toda esa información que hasta ahora creíste que era única y verdadera.

Entonces el manantial del conocimiento correrá como rio sin obstáculo y un nuevo ser brotara de ese vacío que creaste, para que lo verdadero tomara forma y lugar.

Para aquellos que les es difícil conseguir vaciar su mente, solo existe una forma rápida y segura.

Tu estas en mí, yo estoy en ti, tú estás conmigo…

¿Para qué tanta prueba? ¿En mi caminar esa es mi pregunta tantas vidas vividas cuantas llevo? No tengo respuesta y como las tendría si en cada vida son diferentes preguntas cuando obtengo respuestas...... ¿Evolución y si voy evolucionando? ... ¡sólo sé que mi alma ya es muy vieja que ya me siento cansada de esta experiencia humana! ¡Todo se repite vida tras vida menos las preguntas y las respuestas y no es cobardía ya es cansancio de la inconsciencia humana tanto tiempo tantas vidas!

En mi camino imaginario, he podido ver personas que caminan a mi lado, mientras otros se han detenido y desde fuera tratan de detener el caminar de otros, tratando de llevarles su estado de ánimo.

La apatía y el desencanto son trampas que detienen al que busca el conocimiento.

Si el mismo error te detiene, solo tienes que crear un nuevo sentido a tu existencia.

Laura Pereyra

Los conocimiento en mi despertar fue a través de ti en muchas preguntas, como X ejemplo… ¿el X que estamos a que vinimos? ¿Siempre me lo pregunte pero nunca tuve respuesta será que estoy despertando? Viendo que mi Mundo no es el que gira alrededor mío. Que maravilloso todo está para poder ser mejores seres. Gracias. ¡Contigo!

Vinimos a vivir la experiencia de la carne y ella encierra el gran secreto.

Somos una imagen compuesta por los cinco elementos.

Cada elemento por separado vive su propia eternidad.

Cuando ellos se agrupan para crear una forma, estas perduran según su tiempo de programación., regresando a su origen al separarse.

Silvia Lucke
¿Cuantas veces reencarnamos?
¡Infinitas gracias por existir!

No existe un tiempo determinado.
Algunos después de superar todas las
pruebas, han decidido regresar para
ayudar a otros a entender el porqué de
nuestra existencia.

La eternidad es una partícula que vive y
evoluciona dentro del conocimiento.

Las personas se mueven dentro de la
manifestación de los elementos.

Somos una representación de los
elementos viviendo una forma que
llamamos cuerpo.

LA PREGUNTA QUE NO TUVO RESPUESTA

Para que exista una respuesta, tiene que existir primero la pregunta.

Si eres de esos que sienten temor en preguntar por qué crees que sería vergonzoso, entonces mantente en el anonimato de esa forma nadie conocerá tu existencia y tu seguirás creyéndote que estás VIVO

Ser necesario es una forma cierta de existir, pero tú crees que nadie te necesita.

Aquí no existen ni sabios ni tontos, porque ambos nacieron del mismo desprendimiento.

¿Y que es ese desprendimiento?

¿Quién nació primero, el gallo u la gallina?

¿Quién nació primero el hombre o la mujer?

¿Por qué continuamos naciendo y padeciendo enfermedades, hambre, sed y muerte?

¿A dónde vamos cuando nos desprendemos de esta atadura que solo es una manifestación de algunos elementos y porque se unieron para darnos esta forma?

Son tantas las preguntas que pudiéramos hacernos y sin embargo seguimos en este círculo vicioso, donde creemos haber encontrado la razón de ser.

¿Qué pasa si descubres que todos tus males son producto de tu indiferencia?

¿Qué pasa si descubres que tú pudieras aumentar tu conocimiento y transformarte en un nuevo ser?

¿Quieres el secreto, pero lo quieres sin sacrificarte?

Necesitas respuestas, pero no haces preguntas y al final continuo marchando detrás de otros que contemplan en la distancia la mediocridad.

Ser mediocre es una virtud que los humanos defienden como si fuese un trono.

Despertar no es abrir los ojos, despertar es abrir la mente y cambiar la programación externa por esa que no tiene frontera ni edad ni sexo.

Hoy los mediocres se sienten alegres porque pueden decir que aman a las mujeres, ya que los controladores crearon este símbolo haciéndonos creer que ellos se preocupan por el sexo femenino...

"Que burla más grande"

La mujer no tiene un día en el almanaque, ella tiene toda una eternidad y nunca será suficiente para quererla y respetarla y más aún ADMIRARLA.

Despierten ella no nació de nuestra costilla…

Ella fue la que nos dio la oportunidad de participar en esta experiencia llamada vida…

Respetarla, quererla, amarla como la representación que ella merece…

Eso es lo primero que tienen que encontrar para poder liberarte de las ataduras que con maldad nos manipulan para que continuemos en el juego.

Muchos quisieran detener su existencia y repiten que su vida no tiene razón de ser en un mundo tan caótico.

Sin embargo no nos hemos dado de cuenta que nosotros con nuestra ignorancia somos los que mantenemos el fuego ardiendo del odio, la maldad y el crimen…

Muchas notas escritas por mi durante todo este tiempo, no han sido escritas solamente para ustedes.

Muchas me han servido a mí para analizar hasta donde he podido cambiar cuando aquel día decidí mirando el sol, decir aquellas frases y no me queda más remedio que decir…

'GRACIAS POR EXISTIR'

Juanelmanu

<u>Silvia Lucke</u>
¿Que rige nuestra vida, El destino o el Karma?

La vida es una reacción involuntaria que nos impulsa hacia un nuevo movimiento.

Vivimos en una constante expansión producto de la primera gota que produjo ondas, en la superficie tranquila de las aguas.

Dentro de esa superficie se mueven los diferentes planos de existencia.

Éxito, Destino y Karma, son componentes de una misma situación.

Todo ellos son caminos que conducen al entendimiento, conocimiento y sabiduría.

Henry Mo

Yo tengo una Pregunta
¿Quién fue o quien es Guadalupe?

De la misma forma que existe la foto,
así mismo las imágenes quedan impresas
en el tiempo.

El sufrimiento de la niña madre, se
quedó impreso en aquel lugar.

Su lucha por volver a encontrarse con
su hijo, la llevo al encuentro con este.

Como no existía una explicación
lógica, producto del fanatismo religioso de
la época se optó por asociarla con la
madre de Emanuel.

Henry Mo

Se habla que los Anunnaki
combinaron su ADN con el de ellos para
crear una raza híbrida para que
trabajara, pero no se habla de esos
humanos o lo que sean de los cuales
tomaron
El ADN, quienes son de dónde venían y
cuánto tiempo tenían poblando este
mundo, ellos son los seres más viejos que
habitaron el planeta?

Toda esa historia copiada de las tablas
sumerias, estaban relatando un

acontecimiento ocurrido hacia muchos miles de años.

Nosotros no somos el único experimento del anciano.

La vida existe en muchos planos de existencia y algunas visibles y otras invisibles.

Nuestra especie es la última que llego después del diluvio y no fue creada en este planeta.

Todas las manifestaciones de vida, tanto animal, vegetal y mineral fueron sembradas de nuevo para repoblar la superficie dañada por las aguas.

Henry Mo

Todos queremos saber la historia real del divino maestro, pero pocos preguntamos cuál es su verdadero mensaje. ¿Y mi Pregunta es?... ¿cuál es su mensaje para nosotros de Emanuel? "Creo que eso es más importante que saber su historia"

El Divino Maestro es una representación de un hombre que adquirió conocimiento y sabiduría en su larga trayectoria, su grave error fue tratar de cambiar las reglas del juego establecidas dentro de su tierra.

El conocimiento libera las almas y nos convierte en libres pensadores.

Tanto en aquella época, como ahora es muy difícil la liberación de la dependencia.

Política y religión están unidas para desviar el camino y quien intente cambiar y modificar lo establecido, recogerá siempre la crítica, la burla y la muerte.

El ignorante defiende su propia capacidad de entendimiento y lucha por mantenerlo.

Para romper el seguimiento de las ideas expresadas por él, se le transformo en un dios único y verdadero, imposible de imitar, por lo que su enseñanza se transformó en Dogma.

<u>Henry Mo</u>
¿Hay algún límite de reencarnar, y cómo puedo reconocer a mis familiares que reencarnaron?

No existe límite y solo descubres la verdad cuando aceptas la misma.

Cuando aceptamos que existe la reencarnación, esta se transforma en una llave que continua abriendo las puertas del entendimiento.

La conciencia es el razonamiento constante que da respuesta a nuestras inquietudes.

La falta de conocimiento nos deja en una situación donde nuestro deseo se queda limitado a la acción de otras circunstancias.

Quiero que entiendas este ejemplo

Mi madre anciana ya me decía:

¡Ya me siento que pronto tendré que partir!

Mi contesta:

¡Vieja, no te apures porque yo te traeré de regreso!

¿Pero es que yo no quiero regresar?

Vieja allá no se queda nadie, si yo no te regreso luego me va hacer difícil el volvernos a encontrar, así que lo mejor es que yo en esta vida sepa dónde te tengo.

"Ella se reía y seguía escuchando"

Tú vendrás como la hija de mi hijo.

Qué bueno, porque tu hijo es muy bueno, pero entonces Conchita va hacer mi abuela…. Ja ja ja…

Vieja los caminos de la vida están llenos de misterio

Henry Mo

¿Quiénes son, como son y donde están los llamados ángeles?

¿Y cuál es su función o su razón de existir?

En la quinta dimensión existen seres que no somos nosotros viviendo en aquel tiempo.

Estos seres han evolucionado y se han destacado ayudándonos a completar la meta de llegar a evolucionar con el fin de unirnos al que nos espera.

Entiéndase:

Nosotros somos el pasado de nosotros viviendo en el futuro.

Los mal llamados ángeles, no tienen alas como se les ha estado poniendo en láminas y dibujos.

Eso que parecen alas, son una emanación luminosa que brota de todos los chacras que dominan lo que conocemos como la columna vertebral y que para ellos es el árbol.

Cada uno de nosotros en la quinta dimensión, tiene un guía o maestro.

Irma

No sé qué pasaría si descubro que mis males son producto de mi indiferencia, pero seguro me gustaría saber qué fue lo que deje de lado y ahora estoy padeciendo.

Me diagnosticaron escoliosis múltiple, rotación de vertebras, hernias discales en lumbares y cervicales, así como desgaste de cartílago en algunas vértebras, ¿qué pasó????? ¿Qué me pasó??? ¿Cuál fue la indiferencia??? Gracias doy que sigo adelante y camino, dolores terribles a veces, pero sigo adelante, Gracias Dios y mi fe adelante

¿Que paso??? ¿Cuál fue mi indiferencia?

Cuando llevamos muchos tiempo naciendo y muriendo y durante toda esas existencias y no supimos aprovechar la oportunidad de superar nuestras debilidades, nuestra imagen retiene ese desgaste y esto nos sirve para salir en busca de respuestas.

Mi pregunta es:

¿Cuantas veces te has detenido para mirar la salida del sol?

¡Yo te brinde esa oportunidad, pero no escuchaste!

Poly Arizpe
Piedras Negras, Coahuila. México.

Si las oraciones no son escuchadas y
tampoco hay que pedir.
¿Porque la oración al sol?

¿Quien habita el sol?

¿Cuándo los Anunnaki repoblaron el
planeta, se quedó gente allá en los otros
planetas?

Las oraciones no son escuchadas, porque
le estás hablando a entidades que no
existen, por lo tanto carecen de poder
para modificar un acontecimiento.

El Sol, es una entidad con vida propia, el
da luz, calor y vida.

La oración al astro rey posee todo lo
necesario para estimular todos los
sistemas solares que viven dentro de ti y
que conocemos burgalmente como
chacras.

Todos los planetas donde se le robo una
parte, continuaron existiendo, ellos han
sido la fuente que alimenta la demanda de
nuevas almas que necesitaban los
primeros grupos que llegaron al planeta.

Rosa, de Cartago. Costa Rica
Mis preguntas:

1.- ¿Que falta para mantenerse despierto cuando el cuerpo físico duerme?

La humanidad quiere correr, sin aprender a caminar.

El conocimiento es el arma que nos ayuda en la liberación de las ataduras.

El cuerpo humano puede hacer maravillas, cuando conoce todos sus límites.

Podemos estar despierto, incluso realizando una tarea física, sin embargo nuestra conciencia nos ha llevado a solucionar una situación en un lugar muy distante.

Entonces la respuesta es, no perder el tiempo buscando afanosamente algo que llegara a ti en su debido tiempo….

2.- ¿Edgar Tollé es acertado en lo que dice?

No puedo hablar sobre ese señor, porque nunca he leído nada de lo que plantea.

3. - ¿Es cierto que el fundador de la Gnosis conocido como Samael Aum de wor es un impostor?

Nunca he leído nada sobre este señor.

Solo puedo decirte que es necesario al leer los libros de los nuevos gurús, buscar donde pudiera existir la verdad y donde la mentira.

Según tengo entendido este señor empleo el mismo sistema que Kardec, buscar información escritas por otros y sacar su propia conclusión.

Hoy en día lo vemos en YouTube, donde muchos crean su propia versión y la venden a miles de seguidores que por falta de tiempo tratan que otros los guíen.

4.- ¿Son útiles las claves de Salomón?

No creo que nada que venga de Salomón sea de utilidad para encontrar la respuesta.

La humanidad no le interesa adquirir conocimiento, todo su esfuerzo está basado en encontrar PODER.

5.- ¿Es cierto que los protocolos de Sion es de seres extraterrestres que han estado dominando a los habitantes de la tierra?

Los protocolos de los Sabios de Sion, es una creación de los hombres para el dominio absoluto de estos.

Es un estudio profundo de la mentalidad humana, esto fue escrito por personas que querían dominar el mundo por medio del control mental, para ello usan su mejor arma. "La Desinformación"

6.- ¿Padre, hijo y espíritu santo es un mito?

Fue una de las tantas formas de transformar el triángulo.

Si aceptamos que existe un espíritu santo, entonces tendremos que aceptar la materia santo, el líquido santo, ya que todos no son más que elementos que componen lo manifestado.

Lo que nosotros conocemos como espíritu, no es otra cosa que el elemento aire.

Si fuésemos justos con la trinidad, tendríamos que decir:

Madre, Padre, Hijos

Hablar de un solo hijo como único y verdadero es falso.

Hoy en día cada guía espiritual, como así se le dice, han creado su propia visión sobre lo que está escrito y la interpretación de los hechos son tan variados como creyentes existen.

7.- ¿Dios o anciano de los Días es femenino-masculino?

El anciano de los días, no es dios, este nombre fue una creación de los hombres y se le adjudica a muchas entidades.

El anciano de los días es la manifestación de la primera creación y se le conoce como el cero uno.

Nosotros no podemos comprender la vida ya que vivimos supeditados a nuestra propia idea, creada e implantada en nosotros atravesó de los siglos.

Otra más...

8.- ¿Por qué olvidamos todo o en realidad no tenemos nada que recordar?

Nosotros producto del sufrimiento creado por nuestra actitud de vida, tenemos que olvidar la mala experiencia que dejamos detrás.

El humano no fue creado para sufrir, esto es una creación nuestra como método de control de tu semejante.

Todo ello dio lugar a la creación del Karma, la misma es como un filtro donde se depura el alma de sus toxinas.

El sabio conocedor del camino, se dedica a quitar las piedras del mismo y con ello limpia el camino que volverá a recorrer.

Muchos dicen que solo la verdad te hará libre, lo que no dicen como reconocer, analizar y entender cuando estamos frente a ella.

La verdad solo puede reconocerla aquellos que trabajan directamente con su conciencia.

9.- ¿Que tan cierto es eso que no hay mal ni bien?
Y que no importa nuestro actuar de cualquier forma todos iremos al mismo lugar… porque una vez que alguien desencarna todo queda como una simple experimentación… ¿Que tan de cierto es esto?

"La desinformación es el arma que emplea el ignorante para confundirnos"

Algunos podrán decir, que importa enfangar mi cuerpo, si después voy y me doy un baño.

Que importa el ser malo, si después nadie va a saber que fui malo.

Para que perder tiempo en esta vida tratando de entenderla, si al final tendré otras muchas por vivir.

Solo puedo decirte algo:

"Quien no avanza, retrocede"

Muchos repiten una y otra vez esa palabra tan de moda:

"Libre albedrio"

Lo que no saben es que eso no es en referencia a nuestra actitud de vida.

El libre albedrio es cuando tengas que elegir entre las 70 puertas, donde tú y solo tu tendrás que tomar una decisión.

Yo te voy a decir lo que va a suceder contigo:

Durante tu estancia en el plano terrenal, perdiste el tiempo y ahora tendrás que moverte de acuerdo a tu actitud de vida.

Pero como vivistas por vivir, tu vida carece de sentido común y como tal seguirás una vida tras otra, cada vez más en retroceso.

"Esa fue tu elección y ese es tu triunfo"

Solo me queda decirte, suerte en tu nueva existencia.

Miguel

Maestro pese a estar consciente que la historia del Divino Maestro fue cambiada y transformada

En algún momento Él tuvo un sentimiento de Tristeza e impotencia como lo hacen parecer en el Relató del jardín de Getsemaní, No es el hecho de que sangrara por los poros del cuerpo.

(Como todas las personas que quieren mostrar la verdad y se sienten impotentes por que pocos quieren aceptarla)

Gracias

El mayor dolor del Divino Maestro, fue descubrir la conspiración de Pascua, donde Santiago su gemelo, había tratado de utilizar su nombre y carisma para mover las multitudes hacia una revuelta.

Para las multitudes que conocían de nombre la obra del Divino Maestro, aquel que estaba en la cruz, no era otro que él.

Esta confusión dura hasta nuestros días.

Miguel Galindo
¿Manu la creación de los Anunnaki
fueron seres sin Alma?

Aquellos seres creados por los Anunnaki,
tenían alma, lo que no tenían era
Conciencia.

Aquellos creados por ellos, fueron
eliminados a nivel mundial dos veces por
métodos catastróficos.

Muchos llamados maestros de la nueva
era, han tratado de vender la idea de que
somos descendientes de ellos, pero todo
eso es falso.

La última gran destrucción fue la del
Diluvio Universal.
Contemplando aquel siniestro
acontecimiento el lleno a ellos de dolor y
por eso decidieron repoblar el planeta
robando fragmentos a otros planetas que
ya tenían vida, de esa forma surgieron las
diferentes razas que hoy pueblan la
tierra.

Irma

Manu, tengo más dudas que preguntas y en este parámetro, creo que tengo aún más ansias de aprender,
Aún que preguntó en varias ocasiones a mi Dios y al universo, por que tanto daño entre seres humanos, incluso entre familias y por que se mueren los buenos, hace mucho tiempo pensaba si podría volver a mí papá que murió hace 28 años, en momentos de angustia a veces me preguntó si realmente existo y si existe una divinidad
Te seguiré leyendo con entusiasmo, respeto e interés

Un saludo sincero a todos

Las respuestas siempre han estado cerca, pero la humanidad la busca lejos.

Queremos que dios y el universo entienda nuestro conflicto.

Hablamos del Divino Maestro, pero olvidamos lo que este nos dijo:

"Amaras a tu prójimo como a ti mismo"

Todo el secreto de la vida está reflejado en esta oración.

Quien ama, no odia.

Quien ama, no mata.

Quien ama al prójimo, descubrirá el secreto de la reencarnación.

Nuestro mundo en particular está formado de un circulo invisible, que solo puede entender y controlar, los que han entendido el mensaje.

Nuestra programación mental nos deja sin movimiento.

Quien no cree, no puede entender lo que ve, porque lo visible se convierte en invisible.

Todo lo manifestado tiene un tiempo de duración.

Quien observa un amanecer, tratara de grabar en su memoria los colores que en su primer comienzo pudo percibir y que duraron solo un fragmento de tiempo.

Después la magia se volvió sin color y el día pasó a convertirse en otro más en el almanaque.

Sin embargo sabemos de sobra que al otro día podemos volver a disfrutar de esa magia que nos regala ese nuevo amanecer.

Así mismo es la vida de los que han tenido la virtud de entenderla.

"Todo tiene un comienzo, un fin y un nuevo comienzo"

¿De dónde venimos?
Todas las razas del mundo, mantienen el mismo criterio.

Cuando la humanidad llego por primera vez a tener contacto con tribus, que habían vivido una vida sin comunicación ninguna con la civilización.

A todas se les hizo la misma pregunta:

¿De dónde llegaron ustedes?

Y todas contestaron lo mismo, señalando hacia el cielo y diciendo… ¡venimos de las estrellas según nuestros ancestros!

¿Cuál es nuestro origen primigenio?

Algunos dicen haber venido de sirio, otros de Orión, Arturo, Pléyades, etc.

¿Cómo nos sembraron?

Los Anunnaki, poseían tecnología altamente avanzada, podían seleccionar un sector de un planeta y dejar un cráter inmenso, aquella porción era reducida de tamaño y los que estaban viviendo allí, solo pasaban por la experiencia de los famosos tres días de oscuridad.

Luego cuando llegaban las naves, estas proyectaban lo que habían recolectado y lo devolvían a su tamaño normal.

En esto que yo llamo semilla de vida, venían, costumbres, viviendas, templos, animales, plantas y personas.

Es bueno decir que los científicos que trabajaban en esta operación, trataban de buscar siempre el lugar adecuado de acuerdo al planeta donde adquirieron aquella porción.

Nuestros científicos nunca han podido encontrar una explicación a este fenómeno existente en el planeta, de reconocer lo que digo, esto dejarían de manifiesto que nuestra tecnología está todavía en un gran atraso, además que tendrían que reconocer que existe la vida en otros planetas.

Para muchos lo que aquí digo es imposible de realizarse, por la distancia que están los planetas de nosotros.

Hoy en día, Estados Unidos tiene nave que tiene la tecnóloga extraterrestre que estos nos han dado y que son capaces de recorrer distancias infinitas en cuestión de días.

¿Somos muchas razas?

Somos tantas las variantes que de aquellos primeros quedan muy pocos.

Los estudios de ADN que se hacen hoy en día demuestran que nuestros genes están compuestos de una infinidad de razas.

¿Los controladores van a existir siempre?

Los primeros en darse cuenta que aquel cielo era diferente al que ellos estaban acostumbrados a ver, fueron los que dirigían aquellos grupos.

Estos recibieron información de los Anunnaki y se les ayudo a establecerse en la nueva tierra.

El pacto entre los Anunnaki y los recién llegados era que luego de un tiempo estos regresarían a su lugar de origen.

A medida que pasaba el tiempo, aquellos que dirigían los grupos, se fueron acostumbrando a su nuevo reino y de guía de ellos pasaron a ser unos controladores.

Entiéndase que el conocimiento de estos guías les era dejado a sus descendientes y así ha venido siendo hasta el presente.

"Es imposible que una persona entienda, lo que no comprende"

¿Cómo empezó todas esta creación del planeta, he leído tus publicaciones y me llama la atención cómo nos trajeron y los manipuladores, leí que vinieron de diferentes lugares?

El Diluvio dejo el planeta convertido en un pantano.

La vida en el planeta se había extinguido.

Los Anunnaki contemplaron aquella destrucción y decidieron repoblar el planeta con fragmentos que traerían de distintos lugares.

De sobra conocían las diferentes temperaturas que se movían en el planeta.

Había lugares frio, caliente, tibios, los mares habían ido buscando su nivel y la tierra asomaba dejando al descubierto la soledad de sus llanos y montañas.

Muchos preguntan cómo es posible que se crearan esos templos con inmensas rocas que nuestra tecnología no puede mover.

La respuesta es fácil, aunque para muchos no lo es ya que se negaran a creer lo que su mente les niega.

La tecnología Anunnaki podía reducir y aumentar el tamaño de las cosas.

Muchos de ellos podían modificar su tamaño, sus naves e incluso los templos podían alterarse, haciendo con ello muy fácil la creación.

Con este sistema tan sofisticado, una nave madre podía llevar infinidad de equipos los cuales no ocupaban mucho lugar.

Es mucho más fácil crear una miniatura con todos sus detalles y luego transformarlo a un tamaño de acuerdo a su voluntad.

Esa es la explicación que nunca nadie ha podido encontrar.

Según un relato bíblico, los Anunnaki encontraron que las mujeres de los hombres eran lindas y decidieron unirse a las hijas de esto.

Es imposible que un gigante pueda mantener relación con una persona normal, aunque para aquel tiempo lo normal era de 7 a 8 pies.

El Anunnaki reducía su tamaño y podía compartir su vida con la elegida, aunque en algunos casos la mujer seleccionada pedía ser transformada en gigante.

Las muestras están en Egipto donde existen dos parejas de gigantes labradas en piedra, ambas representan los dos sexos.

LA PREGUNTA QUE NO TUVO RESPUESTA

Para que exista una respuesta, tiene que existir primero la pregunta.

Si eres de esos que sienten temor en preguntar por qué crees que sería vergonzoso, entonces mantente en el anonimato de esa forma nadie conocerá tu existencia y tu seguirás creyéndote que estás VIVO

Ser necesario es una forma cierta de existir, pero tú crees que nadie te necesita.

Aquí no existen ni sabios ni tontos, porque ambos nacieron del mismo desprendimiento.

¿Y que es ese desprendimiento?

¿Quién nació primero, el gallo u la gallina?

¿Quién nació primero el hombre o la mujer?

¿Por qué continuamos naciendo y padeciendo enfermedades, hambre, sed y muerte?

¿A dónde vamos cuando nos desprendemos de esta atadura que solo es una manifestación de algunos elementos y porque se unieron para darnos esta forma?

Son tantas las preguntas que pudiéramos hacernos y sin embargo seguimos en este círculo vicioso, donde creemos haber encontrado la razón de ser.

¿Qué pasa si descubres que todos tus males son producto de tu indiferencia?

¿Qué pasa si descubres que tú pudieras aumentar tu conocimiento y transformarte en un nuevo ser?

¿Quieres el secreto, pero lo quieres sin sacrificarte?

Necesitas respuestas, pero no haces preguntas y al final continuo marchando detrás de otros que contemplan en la distancia la mediocridad.

Ser mediocre es una virtud que los humanos defienden como si fuese un trono.

Despertar no es abrir los ojos, despertar es abrir la mente y cambiar la programación externa por esa que no tiene frontera ni edad ni sexo.

Hoy los mediocres se sienten alegres porque pueden decir que aman a las mujeres, ya que los controladores crearon este símbolo haciéndonos creer que ellos se preocupan por el sexo femenino…

"Que burla más grande"

La mujer no tiene un día en el almanaque, ella tiene toda una eternidad y nunca será suficiente para quererla y respetarla y más aún ADMIRARLA.

Despierten ella no nació de nuestra costilla…

Ella fue la que nos dio la oportunidad de participar en esta experiencia llamada vida…

Respetarla, quererla, amarla como la representación que ella merece…

Eso es lo primero que tienen que encontrar para poder liberarte de las ataduras que con maldad nos manipulan para que continuemos en el juego.

Muchos quisieran detener su existencia y repiten que su vida no tiene razón de ser en un mundo tan caótico.

Sin embargo no nos hemos dado de cuenta que nosotros con nuestra ignorancia somos los que mantenemos el fuego ardiendo del odio, la maldad y el crimen…

Muchas notas escritas por mi durante todo este tiempo, no han sido escritas solamente para ustedes.

Muchas me han servido a mí para analizar hasta donde he podido cambiar cuando aquel día decidí mirando el sol, decir aquellas frases y no me queda más remedio que decir…

'GRACIAS POR EXISTIR'

Juanelmanu

EL EQUILIBRIO

"El verdadero arte de vivir, es vivir"

El círculo se compone de tres partes, el centro, la masa y el aro que rodea la masa y produce el tamaño del círculo.

Los que viven en el aro, unas veces caminan hacia atrás y otras veces hacia delante.

Volver al punto de partida toma un tiempo determinado, este tiempo aumenta o disminuye de acuerdo al tamaño de nuestro círculo.

Vivir en el círculo es para los que les gusta disfrutar de lo OPUESTO.

Los controladores le pusieron números al círculo y con doce partes crearon lo que hoy conocemos como reloj.

El sol gira en un círculo imaginario y a nosotros nos toca vivir el doble doce, los controladores le pusieron DIA. (ACTIVIDAD Y REPOSO), (LUZ Y SOMBRA).

Inconforme con tanta sencillez, los controladores descubrieron que la masa dentro del círculo podía llenarse de leyes y que estas crearían todo un gran beneficio.

Cuando la inconformidad tomo forma, esta se convirtió en un bolso que el hombre se encargaría de llenar a tal punto, que su caminar por la vida sería cada vez más lento.

Los controladores ampliaron el círculo de tal forma que dentro del primero pudiéramos poner millones de círculos individuales, esto crearía en el hombre la ambición de aumentar su propio círculo.

"Había nacido la AMBICION"

La humanidad escucho con atención los cuentos y relatos de aquellos que salieron un día en busca de: "LA TIERRA PROMETIDA"

"Había nacido la RELIGION"

Mi dios me da, mi dios me quita, mi dios me habla, mi dios, mi dios.

Cuando la humanidad se cansaba de un nombre, los controladores se apuraban en crear uno nuevo y la lucha entre lo viejo y lo nuevo daba comienzo.

"Había nacido la GUERRA"

"La RAZON DE VIVIR, era encontrar la razón de ser"

"Había nacido la FILOSOFIA"

Con suma inteligencia los controladores borraron el punto de partida que dio lugar al círculo y este se volvió invisible a los humanos.

"Había nacido la ESPERANZA"

Hoy en pleno tiempo de las luces, la humanidad trata de encontrar el punto que dio origen a todo lo creado.

Muchas veces estamos parados sobre él y

nuestra ceguera no nos permite descubrirlo.

"Había nacido la DUDA"

El sabio con su inmenso conocimiento se detiene en cualquier parte del círculo y produce su propio punto.

"Había nacido la ILUMINACION"

Así fue como Buda, cansado de buscar la razón, se quedó dormido en aquel árbol y al despertar, se dio cuenta que había estado tanto tiempo dormido que su cabeza estaba llena de caracoles.

"Había nacido la locura"

Si en algún momento te identificas con alguna de las partes aquí mencionadas, entonces debes de formar parte de nuestro grupo donde aceptamos solamente "LOCOS"

TU ESTAS EN MÍ

YO ESTOY EN TI

TU ESTAS CONMIGO.

©Juanelmanu

QUIENES SOMOS.

Esta pregunta se la hecho todo el mundo. Las contestas han sido muchas y cada uno le ha dado un significado diferente.

Para algunos desde su nacimiento han estado escuchando que somos el producto de una gran desobediencia y que se le dio por llamar "el pecado original"

Este pecado creado para poder explicar nuestra existencia "nunca sucedió"

¿Y porque digo que nunca sucedió?

Sencillamente porque los que recogieron la información se apuraron en eliminar lo sucedido después del diluvio universal y con ello borraron la existencia de vida en otros planetas.

Eso no quiere decir que ese conocimiento no era desconocido, simplemente se acordó mantener el secreto y solo una elite de personas seleccionadas eran poseedores de aquel acontecimiento.

Muchos hablan de los Anunnaki, pero son pocos los que han comprendido que ellos no son los creadores de la existencia humana.

Imposible que ellos mismos se crearan y esto es algo que han pasado por alto aquellos que sin razonar se han atrevido a crear un estado de opinión.

Estos malos informadores que viven como vampiros robando ideas de otros, solo hacen comentarios favorables a su forma de ver la vida y con ellos logran su objetivo, para seguir viviendo de la ignorancia ajena.

Solo tienes que entrar a YouTube y observar los más populares, esos que escriben y publican sus videos con profesionalismo, aportando un sin número de imágenes que les ayuda a desarrollar sus comentarios y que por lo general tienen una cantidad considerable de seguidores y que por supuesto esto les convierte en una forma de vida, ya que están recibiendo una remuneración por la cantidad de personas que visitan sus videos.

Los temas varían desde religión hasta política…

Desde extraterrestre hasta intraterrestre.

Desde Anunnaki hasta Reptiliano.

De Jesús ya no tienen más nada que decir, así que lo han convertido en un extraterrestre clonado por los arcontes.

Entre más exagerada sea la información más idiotas se unen a esa información.

Y es que la idiotez se ha convertido en un modo de decir, mírame yo también aspiro a tener un lugar dentro de este mundo de idioteces.

"Pobre de aquellos que no sepan por qué se han convertido en idiotas"

Sin ofender a los nacidos con características especiales y que al final demostraran que tienen un alto grado de evolución, ya que nadie los podrá convencer de que adopten una forma de ser diferente…

Llegar a este plano de existencia que no es el primero, ni el ultimo y vivir la experiencia de ser una persona especial, es una virtud que a todos no nos toca. Nosotros vivimos sufriendo lo que vemos, sufrimos al contemplar como a nuestro alrededor una persona pierde su existencia en cuestiones que no tienen ningún sentido común.

Muchos son los que se escudan tras la justificación de que todos no estamos al mismo nivel, sin embargo todos hemos pasado por el mismo procedimiento una y otra vez, nacer, crecer y morir, para volver en el mismo ciclo de existencia hasta que logremos encontrar nuestra razón de ser.

"Vivir por vivir, no es vivir"

Algunos se sentirán ofendidos y otros alagados, pero así es el tiempo que nos toca vivir, donde aceptar es rechazar y rechazar es aceptar.

El mundo está compuesto de millones de a Habitantes, pero cada uno defiende lo que para su razonamiento es lo correcto.

Mientras unos odian, otros perdonan y la confusión es tal que el perdón es analizado por muchos como una debilidad frente a los que odian.

Enfrentarte al desastre es no querer ser partícipe del mismo y esto solo te ganara el odio de los indiferentes, esos que por ignorantes siguen la marcha de la música de moda.

Si los mayores están perdidos dentro de su propia mentira, que podemos decir de los jóvenes que viven el aquí y ahora como lo único existente.

Mirar hacia el horizonte es algo pecaminoso, ya que solo pueden mirar algunos las pisadas que dan en su diario vivir.

La humanidad camina mirando al piso, para muchos ese es un modo de evitar la caída, para otros ese es un modo de dejar de vivir, ya que estos nunca contemplan los colores vivos de un atardecer hermoso.

"Vivir por vivir, no es vivir, es malgastar tu dorado tiempo en cosas que al final no te darán el provecho que necesitas"

"Quien no hace la tarea de la escuela, nunca repasa la lección que recibe"

Hace poco pude descubrir cuantos en YouTube se han convertidos en profetas del sol, algunos hasta han creado un sistema a seguir para lograr según ellos el

mayor aprovechamiento de esa energía.
Seguimos criticando a los programadores
y volvemos a caer en una nueva versión.
Anteriormente dije que mi comunión con
el sol y el objetivo que logre, fue producto
de mi trabajo, donde a diario tenia
necesariamente que observa desde la
carretera como se ponía el sol.
En mi lucha contra mi propia vida,
deseaba un cambio, algo que me
transformara, dejando atrás aquel cuerpo
que no había sabido manejar y que por
ignorante no lo había valorizado.
No fue de un día para otro, fue un deseo
constante y un afán de lograr que aquel
astro poderoso transformara para bien de
la humanidad ese cuerpo.
Fue así como logre encontrar la palabra
exacta que repetida una y otra vez,
llegaría a transformarme en lo que soy.
¿Y que soy?
¡Soy un ser diferente, amante de las cosas
simples y fáciles, mientras observo las
difíciles como se disuelven al ser solo
trampas de un momento que nunca
existió!
Hoy estoy en casa, aceptando un catarro
que me permite sentirme humano…
¿Puedes entender esto?
El estar hoy enfermo me ayuda a
sentirme humano, me ayuda a

comprender las miles de personas que hoy sufren un dolor, una perdida, una enfermedad y eso es pan de gloria para mí, ya que nunca me enfermo y cuando algo me ha sucedido, siempre me apuro en decir:

Gracias padre por permitirme compartir el sufrimiento de una humanidad que no entiende tu designio.

Mientras tú luchas con tus propias manos para vencer los obstáculos y pruebas que la vida te da, yo seguiré sintiendo los latidos de mi corazón, unas veces suaves y otras veces fuerte, unas veces débil y otras veces diferente, (todos estamos sujetos a los cambios que el planeta está recibiendo y que no nos hemos percatado de ello)

La tierra crece por segundo y se acomoda a su nuevo tamaño, mientras nosotros ignorantes de la realidad que no existe, creemos conocer los secretos que vemos pero no entendemos.

YO SOY EL CAMINO
VERDAD DE VIDA
QUIEN LLEGA A MI
TENDRA VIDA ETERNA.
Juanelmanu

LA HUMANIDAD

Dicen que ellos tienen el poder de pensar, actuar, crear y destruir, todo en un solo instante.

"Se les considera un animal altamente peligroso"

"Ama y odia con la misma intensidad"

Adora dioses creados por ellos mismos y luego los desprecia, creando un nuevo substituto.

Estudian su propio origen y poseen tantas versiones como razas existen en el planeta.

Su naturaleza inconforme los mantiene buscando los misterios que envuelve la creación y el logro que alcanzan es motivo de una eterna lucha, por otros que no la comparten.

La ambición personal de cada uno, les hace luchar por obtener un estándar de vida superior a los demás.

Los gobiernos creados por ellos, les hace pensar que estos no funcionan como ellos quieren y que por lo mismo deben de ser cambiados.

La lucha eterna por el poder, se intensifica y formas nuevas de gobiernos surgen para refrenar las ambiciones.

Mientras unos producen muertes individuales o colectivas, otros se dedican a luchar por salvar las vidas de los damnificados.

Mientras unos no consumen alcohol ni droga, otros consumen con exceso.

Crean modas y nunca están satisfechos con lo que crean.

Mientras unos tratan de mantener la raza, otros buscan una nueva combinación.

Muchos de ellos son fanáticos y quieren obligar a otros que acepten tus propias creencias.

Desastres naturales han tratado de mermar la humanidad, pero ellos recuperan rápidamente las almas perdidas.

Pueden llorar y reír con mucha facilidad.

Mientras unos lloran sus muertos, otros celebran la partida de este hacia lo desconocido.

Unos dicen que esto es una prisión y otros dicen que es una escuelita.

Así día tras día esta humanidad se despierta para encontrar lo que para muchos de ellos es su DESTINO.

La lucha continúa y cada uno de ellos cree conocer la razón de ser.

Desconozco el lugar que ocupas, pero estoy seguro que dentro de ti, estarás identificándote con una de esas partes que solo entienden los llamados HUMANOS.

Mientras muchos tratan de entender eso que llaman AQUÍ Y AHORA y que para otros es AYER, HOY Y MAÑANA, yo estaré diciendo.

YO SOY EL CAMINO
VERDAD DE VIDA
QUIEN LLEGA A MI
TENDRA VIDA ETERNA.
©Juanelmanu

LA FELICIDAD

¡Entender nuestro origen, es conquistar la vida eterna!

Se dice que fuimos creados a idea y semejanza.

¿Lo primero es conocer quién nos creó y porque?

"Para que exista una respuesta, tiene que haber habido primero una pregunta"

¿Cuándo cómo y dónde se originó la pregunta?

¿Qué raza fue la que pregunto primero?

¿La otra pregunta seria, si la respuesta que nos dieron, todavía es aceptada?

Para los que dicen que fue DIOS, (sabemos que ese Dios tiene muchos nombres) la contesta tendría que ser ampliada.

Si fuimos creados a idea y semejanza, eso quiere decir que aquel dios, no era perfecto y que todas las luchas mentales que tenemos, no son nuestras.

Como entender y dar una explicación que se ajuste a nuestra forma de vivir.

Amamos y odiamos muchas veces a quien amamos, reímos para después terminar llorando, cantamos y gritamos solo para al final quedarnos sin voz.

Nuestro cuerpo no es invisible, como nuestro creador…

Nuestro cuerpo está lleno de elementos que nos dieron forma y sentido a nuestro semblante.

Nuestros ojos tienen diferentes colores y formas.

Nuestra nariz, puede ser pequeña, grande, afilada, gruesa, esta cambia según la raza dándonos un toque personal.

Nuestro cuerpo ha estado variando desde el comienzo de los tiempos hasta el presente.

A cada uno de esas manifestaciones se le ha dado por llamar de diferentes maneras.

Si alguno de nosotros tratara de darle una explicación a todas estas ideas, enseguida verán que surgen muchos a decir que estas en un error.

Vivimos en este presente aceptando algo que nunca pudimos ver y esto comprende muchas costumbres.

Esta nota de hoy, no te dará la respuesta que tú buscas, solo tú puedes tratar de resolver el misterio que encierra la vida y que te formo únicamente para que encuentres la solución.

Llegará el momento que comprendas el gran misterio que encierra tu mente, esa que construye y destruye, esa que cura y enferma, esa que forma en tu cuerpo la energía positiva y negativa, esa que domina todos tus instintos, esa que nos hace movernos y a la vez nos hace ir al reposo, esa que nos da ganas y deseo, esa que sin ser es...

"Sabio es aquel que conociendo su mente, alimenta su ALMA, conduciéndose de acuerdo a su CONCIENCIA"

"SOLO ENCUENTRA LA VERDAD, QUIEN SALE A BUSCARLA"
©Juanelmanu

LA GRAN CADENA

Hoy voy a llevarte a un viaje imaginario, donde vas a poder observar la vida en el planeta desde otro ángulo…. (El espacio).

En los rostros de aquellos aguerridos seres se observa la tristeza y el dolor al poder observar impotentes como el planeta ha invertido los polos y las aguas han inundado los terrenos cercanos.

Mientras las aguas se mueven paulatinamente ocupando un nuevo lugar, detrás va quedando una nueva tierra surgida de lo profundo del mar.

Para los vigilantes aquel planeta era su nuevo hogar y no estaban dispuestos a dejarlo, sabían que esta destrucción era producto de cambios cíclicos y que la calma de nuevo reinaría por muchos milenios.

La vida debía continuar y ellos poseían la técnica que les permitiría plantar una nueva simiente.

La tecnología empleada por ellos era bien simple.

Traerían de otros planetas una representación de vida, tanto animal, mineral, vegetal y como era natural seres pensantes.

Aquellos fragmentos se les disminuían su tamaño, de esa forma las naves madres, podían llevar consigo una gran cantidad de semillas para ser plantadas en este nuevo mundo.

Después de ser depositadas en los lugares que iban a ocupar los vigilantes procedían a dar la orden: "Hágase la luz"

Los habitantes que habían tenido tres días de obscuridad, podían de nuevo ver el cielo infinito sobre sus cabezas.

El asombro inundaba los corazones de aquellos que sabían de sobra que ese no era su techo celestial.

Los vigilantes acordaron enviar un guía que debería tener contacto con el más sobresaliente de aquellos grupos.

Aquel contacto entre guía y el elegido crearía un nuevo conocimiento el cual permitió el avance evolutivo de ellos.

A la muerte de los elegidos, surgieron nuevos maestros y estos comenzaron a descubrir que el saber es poder, por lo que fueron transformando las enseñanzas para beneficio propio.

Lo que había comenzado en pequeña cantidad se estaban convirtiendo en verdaderos pueblos y estos inconformes con el lugar señalado, empezaron a enviar pequeños grupos en busca de una nueva frontera.

Muchos de los enviados morían en el viaje y otros regresaban para contar con detalle todo lo que habían podido observar.

Nuevos grupos se preparaban y la guerra por la ambición y poderío mayor, daba comienzo.

Los hombres capturados en estas invasiones, morían o eran puestos a trabajar como esclavos, mientras sus hijos y sus mujeres eran trofeo de guerra.

La nueva simiente que brotaba de la mescla de raza, creaba un nuevo grupo sanguíneo, estos aunque eran hermano de los otros, siempre fueron visto como de segunda clase.

Los eslabones continuaban formando la cadena que diferenciaba a unos de otros y los nuevos pueblos surgían como necesidad de la cantidad de población.

Pero el odio y la venganza, continuaba ocultando la mano que un día pediría sangre.

La población del mundo ha crecido grandemente y los pueblos que comenzaron con sangre, terminaran su ciclo de existencia derramando la suya propia.

Después de esta breve explicación espero que no culpes a los vigilantes, ni a ningún dios, ni a nadie que no sea... nosotros mismo... estamos recogiendo lo que seguimos sembrando.

YO SOY EL CAMINO
VERDAD DE VIDA
QUIEN LLEGA A MI
TENDRA VIDA ETERNA.
©Juanelmanu

LA GRAN CONFUCION

Esto que ustedes van a escuchar, nunca ha sido dicho por científicos, médicos o religiosos.

Entonces abramos nuestro entendimiento para adquirir este conocimiento que ha costado mucho tiempo el descubrirlo y hoy gracias a esta tecnología conocida como internet, puedes analizar.

Son muchos los que quieren que se les dé el crédito de haber sido ellos, los que encontraron lo que existe después de la vida.

"Cuando digo que todo existe, mientras tu existe"

¡No estoy mintiendo!….

Para comenzar diré que existen muchos tipos de muerte…

Son muchos los casos donde la persona muere por accidente, en esta situación, la persona ha dejado su alma con anterioridad y su cuerpo se mantiene viva, gracias a mecanismos de defensa creados por el Anciano. Donde almas voluntarias continúan el proceso hasta el encuentro con el vórtice que detiene el cuerpo.

Todos los accidentes están sujetos a este mismo patrón.

Muchos creen haber estado muerto y últimamente todos ellos hablan del famoso túnel de luz.

Nuestra mente subconsciente posee tantos recursos. Que somos capaces de crear y visualizar cosas inexistentes.

El protagonismo no tiene frontera y lo mismo da un catedrático que una persona sin estudio, todos quieren que se les reconozca como materia existente.

Todas esas personas que dicen haber visto su cuerpo, eso puede realizarlo cualquiera que conozca la técnica que nos saca fuera del cuerpo y que sin embargo seguimos atados ya que liberarnos del cuerpo es disolvernos y eso hace imposible que regreses para hacernos tu narración.

Ángeles y dioses, sin importar el nombre que le quieras dar, eso solo existe dentro de tu propio recuerdo.

Muchos dicen haber visto a los que un día partieron y que ellos nunca pudieron conocer.

Entiéndase bien esto, la técnica que nos saca fuera de nuestro cuerpo, mientras este se mantenga funcionando, nos deja ir tanto al pasado como al futuro.

Lo que nosotros vemos no son los espíritu de nuestros antepasados, por el contrario estamos viendo los cuerpos de ellos cuando existieron….

Los niños que mueren a temprana edad, esos son seres especiales que vinieron para dejarnos con su partida, una enseñanza que necesitábamos para nuestra evolución.

El recuerdo de ellos nos ayudara a mantener esa energía, que solo descubren los que aman a su prójimo.

Entiéndase bien esto, cuando nos vamos, no llevamos ya la conciencia con nosotros, esta termino la función de orientarnos en nuestro caminar.

Nuestro trabajo termino y partimos sin darnos cuenta que estuvimos ausente un día, de la morada del padre, Anciano de los Días.

Caminamos junto a muchos seres, invisible a nuestra presencia, cada uno formando y creando su propia línea de tiempo y esta termina al entregar nuestra experiencia en el agua que retiene la fuente.

El agua que limpia las almas es el motivo de nuestra existencia, allí contemplando las diferentes puertas buscamos la que nos permita el regreso hacia una nueva realidad.

Los que conocen el secreto, diseñan sus vidas para retornar y llenar de alegría a los que un día formaron parte de su existencia.

Este conocimiento que lees y que producto de la desinformación no entiendes hoy, te servirá de guía involuntaria al encontrarte en la fuente donde sonriendo podrás decir.

**YO SOY EL CAMINO
VERDAD DE VIDA
QUIEN LLEGA A MI
TENDRA VIDA ETERNA**
©Juanelmanu

¡LA GRAN EXPERANZA!

¿Existe en verdad la luz al final del túnel?

Comenzare diciendo que ninguno de ustedes volverá a ser la misma persona después de haberme leído.

La puerta invisible del inconsciente se ha estado abriendo con cada palabra que has creído no entender.

Cada palabra leída por ustedes les ha estado produciendo un sin número de preguntas y estas respuestas son tan variadas y distintas una de otras, que te has obligado tu misma a seguir buscando la luz al final del túnel y créeme en tu caso no es un tren que viene a toda velocidad.

En verdad la humanidad no vive en un túnel.

Vivimos en una cueva inmensa que no nos permite ver la realidad que se encuentra fuera de la misma.

Nuestros ojos se han acostumbrado a contemplar lo que nos rodea y creemos que por tradición debemos aceptar el obscurantismo.

Algunos que han intentado salir fuera de la cueva han regresado para contarnos del calor que quema la piel, no pudieron acostumbrarse a esos rayos solares, otros dijeron que la luz no les dejo ver y que tuvieron que cerrar los ojos.

Todo eso creo miedo, si miedo gravado en nuestro subconsciente por los siglos de los siglos, vida tras vida, viviendo siempre con temor a descubrir que fuera de la tradición existía otra existencia.

Un día uno de aquellos niños se llegó hasta el rincón lejano de la cueva, allí vivía un viejo el cual se decía había estado viviendo fuera y que producto de esa aventura padecía una enfermedad que había cambiado el color de su piel.

El niño observo el anciano que se encontraba tomando una bebida preparada por él, este le sonríe y le invita a sentarse.

Así el niño día tras día, se reunía con el anciano y este le contaba diferentes historias sin hablarle nunca de su vida en el exterior de la cueva.

Llegado el día, aquel niño se fue transformando en un joven y el anciano no parecía envejecer, la curiosidad del joven le hizo hacerle la pregunta.

¿Maestro, me gustaría que me dijera lo que existe en el mundo de la luz?

El maestro le hablo de los elementos de cómo estos se unían y se desunían, como creaban formas que se transformaban en una nueva manifestación de vida, le conto como su piel al no estar preparada por la intensidad de la luz, se transformó en un nuevo color.

- ¿Maestro me dijeron que la luz nos dejaba ciego y usted no lo está?
- ¡La inteligencia es un derivado natural que nace en el conocimiento mismo de las cosas!
- ¿Maestro que es esa palabra y que encierra?
- Pongamos tu ejemplo... (dijo el maestro)
- Fuiste inteligente al no escuchar lo que te dijeron de mí, viniste siendo un joven que no sabía nada y hoy la inteligencia tuya se ha desarrollado y cada palabra que yo te he estado diciendo se almaceno como un gran conocimiento, luego cuando ya estés listo todo ello te servirá para encontrar la gran respuesta, esa que tu alma necesita para completar tu ciclo de existencia y que solo encontraras cuando vivas en la LUZ.
- Entonces maestro usted me ha estado preparando durante todo este tiempo para que yo pueda

subsistir en la luz sin que ella me haga daño.

El maestro se levantó de su asiento favorito, aquella roca domada durante toda su vida y se dirigió hacia un punto lejano. En silencio el joven seguía sus pasos.

Los dos se detuvieron para contemplar el pequeño rayo de luz que penetraba en la cueva y ambos sonrieron.

- Esto que ves aquí y que penetra en esta obscuridad es una muestra de la luz que rodea nuestro mundo exterior, si deseas vivir y conocer la otra existencia, te invito a que vengas aquí y practiques todo lo que te estuve enseñando.

- Maestro desde la seguridad de este sitio podre aprender a conquistar la luz al final del túnel.

El maestro sonriendo:

- ¿Por falta de conocimiento no será?

- Gracias maestro por estar en mí, mientras yo estaba en ti.

Moraleja: "SOLO ENCUENTRA LA VERDAD QUIEN LA BUSCA"

"No hay nada que enseñar, solo despertar lo que siempre estuvo dentro"
©Juanelmanu

LA HIPOCRECIA

Arte utilizado por políticos y religiosos para ocultar sus verdaderos sentimientos.

Aceptar la palabra de estos como verdadera, es convertirnos en cómplices.

Una consigna repetida muchas veces, transforma el aire en veneno que embriaga las fibras de nuestro cuerpo.

Los controladores conocen nuestra debilidad y juegan con ella, en forma descarada.

Nuestro mundo se amplía según el lugar donde miremos.

Muchos solo ven las paredes de su habitación, otros pueden sentirse más libre y contemplan el exterior de su vivienda.

Los medios de comunicación, incluyendo el internet, nos dan una idea más global de lo que está sucediendo en cada momento.

"Los estados de opinión se amplían, según lo que piensan otros"

La falta de cultura nos hace ofender a quien se atreva a insinuar, que no está de acuerdo con lo que decimos.

En mi caso, yo no cambio los hechos, estos fueron creados y continuaran su curso aunque piense lo contrario.

Cuando la segunda guerra mundial, el departamento de guerra de Hitler, creo el medio más eficaz para tomar Paris, sin disparar una sola bala, los aviones dejaron caer propaganda, donde decían que Mostráramos había dicho que Hitler conquistaría toda Europa.

Hace unos años el Brujo Mayor de México dejo dicho que él no se equivocaba y que la Clinton le ganaría a Obama.

Los americanos no escucharon el mensaje porque estaba en español y la Clinton perdió...

Ahora Walter Mercado asegura que la Clinton ha sido designada como presidenta por las estrellas y ustedes podrán ver los resultados.

Luego dirán que las estrellas cambiaron de rumbo, por una influencia desconocida.

Lo cierto es que lo que yo vi, dejaba a la Señora, completamente fuera de la jugada.

La enfermedad sorpresiva transforma los pronósticos y su triunfo será observado a nivel mundial como una gran tragedia.

Cuando todos esperaban que fuera Fidel quien partiría primero, el destino le juega una mala pasada y Raúl su hermano le deja haciendo que la lucha por el poder se quede en mano de los más jóvenes.

Los hechos que se producirán en estos últimos meses del 2016, darán paso a un cambio absoluto de todo lo que hemos conocido hasta ahora.

Los enemigos internos y externos se verán acorralados en su propio mundo y el desorden que estuvo autorizado cambiara por orden de la nueva administración.

La Nasa se encargara de demostrar una vez más que la tecnología que se posee, traspasa por completo todo lo imaginado.

La humanidad tiene estos últimos meses para buscar y encontrar todas las respuestas que por siglos se han estado haciendo.

Aquellos que en su afán de continuar su actual actitud, perdieron el tiempo. Esos descubrirán tarde su gran error.

Si crees que los patrones de conducta que nos han estado dirigiendo van a continuar, estás perdido.

La humanidad entro en un túnel de una sola vía y el tren de la existencia marcha a velocidad increíble, en busca de la salida.

Espero que esta nota te ayude a planificar tu vida, sin hipocresía.
   Juanelmanu

"Somos una fuerza sin rumbo"

Vivimos en un barco que no tiene timón.

Pensamos y seguimos lo que nos impone la moda.

Lo triste es saber que podemos cambiar, pero nos falta valor, actitud y sabiduría.

Muchos se conforman con hablar en contra de los dioses, para ellos tratar de destruir la costumbre es su mejor arma.

Dentro de este recinto de fantasía, la realidad es triste y preocupante.

La fuerza de la costumbre ha creado hábito y esta nos mueve al haber perdido el control de nuestros actos.

En nuestro afán de mantener nuestro protagonismo no nos damos cuenta que estamos contribuyendo al desastre, tanto físico como emocional.

Hemos aceptado la mentira como verdadera y nos conformamos con contemplar nuestra propia destrucción y todo ello sin mover una partícula de nuestro ser para evitarlo.

"La indiferencia existe mientras nosotros lo permitamos"

Seamos militantes, cuando leemos algo que nos motive, actuemos con prontitud, hagamos que otros amigos y familiares, reciban también la información.

"Somos seres imperfectos, creados para encontrar la perfección"

Si nos hubieran creado perfectos, no podríamos participar de este experimento, seamos participe aportando resultados que detengan el camino que nos conduce hacia nuestra propia destrucción.

"Ver cometer un crimen y no hacer nada es cometerlo"

Nuestro verdadero crimen no es protestar, nuestro crimen es no tratar de mejorarnos cada día, dando y aportando lo mejor de nosotros.

No seamos juguete de esos que nos controlan incitando el odio, racial, político y religioso.

Recuerda las palabras del Divino Maestro: - ¡Deja que los muertos entierren a los muertos!

Muchos quieren confundirte diciendo que cuando mueres te vas sin nada, eso es pura mentira, todo lo que siembras será cosechado a su debido tiempo.

Tu fracaso es ver la vida como una existencia de un día, cuando en verdad eres un ser que vive y reina por los siglos de los siglos.

Todos los días surgen nuevos guías, esos que crean formulas sofisticadas para prometerte la curación, la riqueza y la sabiduría.

Las células de tu cuerpo no necesitan que tú la confundas con ideas que tú mismo todavía no entiendes, no te das cuenta que tu exterior no lo controlas, como puedes imaginarte por un segundo que ese descontrol lo debes de llevar a tu mundo interior. Por favor despierten….

Solo encuentras la verdad, si la buscas y esta la has tenido cerca de ti, sin embargo te dedicas a buscarla lejos.

Recuerda que una sola palabra tuya, puede cambiar los hechos.

SOL LINDO,
SOL HERMOSO,
TU QUE VIVES
Y REINAS EN ESTE PLANETA
DAME…………………………….

Si después de esto sigues buscando, entonces es que te gusta vivir en la mentira.

Yo soy Juanelmanu, tu hermano y amigo, dándote a ti, lo que quiero para mí.

©Juanelmanu

"SER JOVEN NO ES UN DELITO"

Cuando niño escuchaba al relojero decir:

¡La experiencia son los golpes de la vida, cuando escuches alguna persona decir que tiene mucha experiencia, ya sabes que ese ha estado recibiendo una paliza durante su existencia!

La joyería de mi tío, era un centro de reunión de Odd fellows y masones, allí desfilaban todos los días los hermanos, para compartir y tomar el bendito café, que les permitía continuar con el diario vivir.

Como mi mente no retenía la información que me daban, mi tío que era un hombre especial decidió llevarme para que aprendiera un oficio, en verdad no recuerdo muchas cosas de aquella existencia.

Según mi hermana mi mundo estaba muy lejos de la realidad que me rodeaba.

Lo que sí recuerdo era que cuando se hablaban cosas interiores de la hermandad, siempre había alguien que decía: Cuidado con la ropa tendida en patio ajeno...

Fue el relojero quien se daría cuenta que yo estaba ciego.

Un día paso un hombre alto delgado, mulato, caminaba de forma completamente amanerada, me quede mirando su estilo para descubrir junto al relojero que este dejaba puesto en la vidriera del negocio de enfrente un papel.

El relojero riendo me dijo: Ves ese que camina como un pato, ese tipo no es pato, ese tipo es súper inteligente, nadie puede sospechar que él sea el autor de muchos atentados.

Aquel día el comenzó a leer lo que decía el papel: Abajo la Dictadura, Viva el 26 de Julio...

No podía entender cómo era posible que el pudiera leer aquel papel puesto en la vidriera, mi asombro fue tan grande que él me pidió que me fuera acercando hasta que pudiera leer lo que allí decía.

Para mi asombro tuve que llegar frente al papel para poder leerlo.

Mi tío había regresado de tomar café con sus hermanos de Logia y la noticia no se hizo esperar.

¿Santana, tu sobrino está ciego?

Aquel día se me envió a la consulta de Pontón la cual estaba en Enramada, frente al correo y allí me hicieron mis primeros lentes.

Aquellos cristales obscuros me permitían ver de día y de noche, ese día escuche de labios de ellos que los ojos claros sufrían muchos problemas con la luz.

En mi mente infantil, me consideraba como uno de aquellos personaje de muñequito y que todos conocían por vestir con ropa obscura y llevando unas gafas como la mía… "El Spirit"

En ese mismo momento en que yo vivía mi mundo de fantasía, a mí alrededor jóvenes con más edad morían en las calles asesinados por enfrentarse al gobierno.

Aquellos espejuelos, viajarían conmigo la mitad del mundo, hasta que fueron sustituidos por uno blanco transparente montado al aire que me daba una imagen de catedrático.

Hoy en día después de tantos años he podido valorizar lo que represento en mi vida aquel día en que ciego me acerque a leer lo que había puesto aquel mulato.

Es bueno decir que después tuve la oportunidad de conocerlo y ser su amigo y siempre nos reíamos de aquel día en que él representaba el papel que lo mantuvo vivo.

Su frase preferida era: Juan, no siempre lo que se ve, es…

Después de aquello, siempre he buscado el lado oculto y esto me ha servido para darme cuenta que por mucho mirar, no siempre vemos la realidad.

Aplicando este conocimiento a este tiempo puedo decir:

"La política no es lo que se ve, si no lo que oculta"

Estos recuerdos no son para revivir aquellos momentos de mi vida, solo he querido dar un ejemplo más de que no siempre fui lo que hoy soy.

Cada uno de nosotros viaja en un bote, a nuestro alrededor esta un mar embravecido, dispuesto a devorarnos, aunque tengamos una brújula, necesitamos otras muchas cosas para lograr alcanzar nuestro objetivo, por todo ello necesitamos prepararnos para ese viaje…

Mientras tú meditas sobre tu propia vida, yo seguiré diciendo.

TU ESTAS EN MÍ
YO ESTOY EN TI
TU ESTAS CONMIGO
©Juanelmanu

SER ES MEJOR QUE NO SER

"La humanidad no puede aceptar que alguien conozca la verdad"

Cada uno defiende su propia verdad y en algunos casos se utiliza hasta la violencia.

Si uno de los tantos dioses que existen y que la humanidad se ha encargado de decir que es el único y verdadero, Sin importar los otros…

Si esto fuese verdad, deberíamos de pensar que solo existiría ese y no tantos como existen.

Si mi intención fuese ego centrista, mantendría la verdad para mí y no la estuviera compartiendo.

Lo que sí es cierto es que cada uno trata de buscar su propia explicación y esta al ser personal solo percibe lo que tenemos cerca.

Si en verdad existiera un interés por conocer la verdad que pregono, estarían buscando en mi página y en mi grupo las diferentes notas que durante meses les he estado aportando.

Pero es mucho más fácil, entrar en la dialéctica donde con palabras sofisticadas creamos y decimos un sinfín de expresiones que en definitiva no dicen nada.

Si alguno de ustedes puede explicar lo que es la vida, animal, vegetal y mineral, si alguno de ustedes puede explicar cómo y dónde se formó la vida, esa que muchos llaman Matriz y que escuchamos a menudo decir que tenemos que romperla, que debemos liberarnos de esta proyección holográfica y que muchos llegan a decir que es una trampa creada por los Anunnaki, Reptiliano. Bala, bala.

Si algunos de ustedes pueden explicar porque existen tantas variedades de una misma especie, incluyendo la raza humana.

Si algunos de ustedes pueden explicar porque existen tantos dioses, cada uno con un atributo diferente.

Quien no entiende el camino, se pierde buscándolo, quien no entiende hacia donde se dirige el camino, se detiene a esperar que venga otro a contarle lo que encontró.

"Quien entiende la vida, entiende sus trampas y con esa virtud se logra conquistar la vida eterna"

Esa que tú dices que yo no tengo derecho a brindarte, porque según tu conocimiento, solo tu dios es quien lo da.

Yo ni soy iluminado, ni maestro, ni siquiera alumno, soy un simple mortal, con una sola virtud, dar lo que me dieron.

El grave problema de la humanidad es que vive casada con la mentira y pretende que la misma se convierta en verdad.

A diario me has escuchado decir:

"Solo encuentra la verdad, quien la busca"

"Muchos hablan de amor, pero pocos lo practican"

Cuando salgas a buscar, encontraras, porque escrito esta.

Mientras unos tratan de continuar la marcha sin importar los desafectos.

Yo seguiré diciendo

YO SOY EL CAMINO
VERDAD DE VIDA
QUIEN LLEGA A MI
TENDRA VIDA ETERNA.

©Juanelmanu

ROMPIENDO LA CADENA

Es triste ver como personas admirables se dejan arrastrar por las bajas pasiones.

Esto quizás nos les guste a muchos que se sienten orgullosos en proclamar los horrores que antecedieron a esta cavilación, (entiéndase por momento actual).

Cuando nosotros en este tiempo señalamos las atrocidades cometidas por razas, pueblos, religiones, grupos, etnia y todos esos que en el nombre de dioses, reyes, dictadores, revoluciones, guerras y ahora se le agrega los Anunnaki y Reptiliano, nuevo orden, masones, católicos, jesuitas en fin toda una amalgama que nos parece distante pero han sido y continúan siendo parte de esta existencia.

Cada uno ha creado su propia visión de los hechos y el odio acumulado por siglos solo denota (escuchen bien, pongan atención, esta es la explicación del porque algunos tienen y sienten odio a esos tiempos).

Señores y señoras que a diario publican algo de aquel horror vivido desde el comienzo de los tiempos. Eso solo tiene una explicación… DOLOR, SUFRIMIENTO, KARMA, oculto en cada célula de tu cuerpo y que te hace gritar señalando con el dedo a los que hoy caminan donde tú estabas hace mucho tiempo.

Dicho de otro modo, criticas tu actitud del pasado y lo haces en este presente.

Creo que sería de más utilidad si te incorporaras al amor y olvidaras para siempre el odio, el rencor y el sufrimiento que te mantiene atado, esclavizando tu vida en una continua pena.

Despierta y recuerda esas palabras sabias dichas por aquel que trato un día de enseñarnos el camino.

"AMA A TU PROJIMO COMO A TI MISMO"

"Es tiempo de aprender a mover montañas para que otros tengan el camino despejado"

Si muchos grupos se unieran en el amor, no tendríamos que enfrentarnos a ese horror que se manifiesta en los elementos y que son producto de nuestros propios pensamientos.

¡Despierten mientras podamos seguir comunicándonos por este medio!

Recuerden que no es lo mismo decir que el mundo se está acabando, a decir que se está transformando.

La opción es tuya, la decisión dirá lo que tú deseas para ti y para otros.

**YO SOY EL CAMINO
VERDAD DE VIDA
QUIEN LLEGA A MI
TENDRA VIDA ETERNA
©Juanelmanu**

ROMPER LA RUTINA

"La fuerza de la costumbre crea el habito"

"La mentira repetida muchas veces, crea la duda"

Manipular los sentimientos, el dolor, el hambre, la miseria humana, es parte de lo que vemos a diario.

El terror sicológico nos hace ocultar nuestro verdadero sentimiento.

Las palabras son alteradas y modificadas y el fin justifica los medios.

En un afán desmedido por ganar la presidencia, se están creando situaciones que les hará difícil al oponente resolver.

Grandes grupos incluso de niños viajando solos son enviados para cruzar la frontera.

Lo que está sucediendo en la frontera de México, está sucediendo en toda Europa.

La nueva guerra sicológica, donde el desgaste de la economía de los países se ven amenazados con la ruina, es todo un plan elaborado con frialdad sin importar la consecuencia de las personas.

Tratar de volver a la normalidad es motivo de crítica.

El mundo entero está en un completo desbalance y todo para crear movimientos de masas, capaces de arrastrar en la locura a los más sensatos.

Para poder crear un gobierno mundialista, lo primero es romper con la nacionalidad del individuo, cuando tú entras sin papel en otro país, recibes el calificativo de APATRIDA, (carente de patria)

El gobierno actual ayudo a crear el desajuste, dejando y permitiendo que el mundo entero entrara en esta etapa.

Luego cuando ya tenemos creado el problema (TESIS), hablamos de la solución (ANTITESIS), la promesa de una solución dicha verbalmente no significa nada.

Los tontos que son muchos creen en la promesa de los vivos y estos al final logran sus negros propósitos, CONTROLAR, MANDAR, ORDENAR, DIRIGIR, ADMINISTRAR, IMPONER, olvidando la promesa la cual justificaran diciendo que los contrarios les tienen atadas las manos, que ellos quieren ayudar pero los otros no se lo permiten…

Y TU LES SIGUES CREYENDO LA PROMESA DE UNA SOLUCION, al final te ves montado en un vehículo que te lleva de regreso a tu país.

Y TODO POR CREER EN MENTIROSOS, que te usaron para llegar ellos al poder.

Los agitadores muchos de ellos pagados, se han encargado de confundir tus ideas y ya no sabes qué hacer ni que pensar, el dolor y el sufrimiento les deja a los vivos el seguirte pagando sueldo miserable.

Desgraciadamente los que puedan entender la realidad, carecen del valor para decirle a quien no tiene tiempo de leer…

Todas esas promesas, toda esa preocupación por nosotros, solo surgen en época de elecciones.

La única solución para legalizar la situación a nivel mundial es el chip y hacia ese proceso nos estamos encaminando.

El chip, dirá quién eres, de donde eres, dejando sin efecto la palabra desagradable de APATRIDA.

Espero que el pueblo sepa elegir el gobierno que pueda volvernos a centrar, en una posición donde la normalidad vuelva a las calles.

Seamos un grano de arena en un futuro lleno de esperanza y no de odio, rencor y muerte.

Que la paz y el orden, regresen al mundo, apaguemos el fuego creado por nosotros mismo y no sigamos echando madera a la candela.
©Juanelmanu

LA VIDA

Sola podrá entenderla aquellos que conocen los elementos.

¡Su medio, característica y formas que lo habitan!

Aquellos que dicen que nadie conoce la verdad, se aíslan aferrándose a su propia mentira.

Sabemos que existen una variedad infinita de pensamientos y que estos unidos a la desinformación, se han rendido, aceptando la programación de moda.

Lo que ayer fue verde hoy es azul y tratar de explicar lo contrario es motivo de enfrentamiento.

Hoy voy a recordarte que la nota publicada explicando el primer encuentro en Destino, no era para que dijeras me gusta, que bonito.

El verdadero secreto estaba en que lograras visualizar y entender que las bellezas que observamos en esta realidad, no nos pertenece, las mismas son simples manifestación de los elementos, trabajando en conjunto para enriquecer nuestra alma.

Muchos estarán pensando el preguntar por qué existen esos fenómenos naturales que transforman la belleza en un verdadero caos.

Hoy vas a descubrir quien en verdad eres y lo que puede hacer una mente alterada.

"Todo lo bello, tiene si contraparte, lo feo"

Cada vez que nuestra mente nos hace decir algo que rompe la armonía, eso tiene su manifestación.

Para mi es fácil entenderlo, mi organismo sufre cuando trato de llevar luz y alguien surge para sembrar discordia, duda y lo que muchas veces es peor… (Una crítica destructiva)

Otros en su afán de ambición personal quieren que les diga, como transformarse ellos en dioses, este tipo de personas que no han podido aprender a controlar sus impulsos, quieren que les de alas, ya que quieren dominar los elementos y someterlos a su capricho.

Los elementos pueden ser nobles y generosos, nos nutren, nos dan calos, nos mitiga la sed y nos permite nutrir nuestro espíritu con ese elemental llamado aire.

Pero las malas intenciones pueden convertirlos en furia terrible, capaz de arrasar todo a su paso.

Esos que en nombre de un dios determinado, se inmolan destruyendo la obra y llevando el caos y la muerte a su alrededor, esos nunca evolucionaran, para ellos existe solo un elemento y este les hace ocupar la parte negativa que lo conforma.

Aquellos que mueren producto de una explosión donde ellos mismo la producen, esos vivirán eternamente en el fuego incesante que mantiene un volcán.

Su decisión es respetada y su furia contribuirá a mantener la llama que transforma todo cada vez que manifiesta una explosión, (gas, lava, calor, nubes negras toxicas que enrarecen el ambiente que los rodea)

Para ellos no habrá banquete, ni recibimiento, ni ninguna virgen, solo, calor, recogerá como castigo por destruir la obra.

El que no sabe y le gusta crear un estado de opinión, se apura en decir que esas personas han actuado por Karma.

El Karma es algo muy diferente y es la forma que permite caer y levantarnos.

Espero que te tomes una nueva oportunidad y vuelvas a leer EL LUGAR, esta vez, no mires las letras con tus ojos, aprende a leer con el Ojo del Alma y veras como las formas toman vida en esa parte importante que mantienes oculto en tu cerebro y que yo llamo imaginación.

"Recuerda que toda creación paso primero por el proceso creativo, que toma forma en la imaginación"

Muchas veces me veras repetir palabras, quiero que sepas que esto mantiene oculto una forma, para que tu subconsciente retenga esa palabra clave, que te llevara a visualizar de nuevo todo lo escrito.

Mientras tú viajas hacia EL LUGAR, yo seguiré diciéndote:

TU ESTAS EN MÍ
YO ESTOY EN TI
TU ESTAS CONMIGO.
©Juanelmanu.

LO INUTIL

Existe una gran diferencia entre los que nacen con una vocación y los que se dedican a estudiar y analizar, la forma de cumplir con las reglas establecidas para ese propósito.

Aquellos que escriben por vocación, sencillamente cumplen con una necesidad que le dicta su alma.

En mi caso, solo escribo sobre temas que me apasionan y que con gran esfuerzo fui encontrando las respuestas que muchos anteriores a mí, se han estado haciendo.

Todos no tenemos las mismas necesidades, unos quieren vivir la experiencia y otros simplemente quieren leerlas para de ese modo vivirlas.

El desajuste emocional que vive la humanidad, les hace ir en busca de las novelas de terror, engaño, maldad y muerte, les apasiona entrar en ese mundo donde su parte obscura se ilumina, al sacar esa emoción que se oculta dentro de su ser.

Todos los días escuchamos los mismos argumentos:

¿Por qué dios permite que esto suceda?

Tratamos de santificar nuestra imagen, justificando nuestra acción con una acusación.

En los últimos tiempos, empleamos la programación de moda.

Anunnaki y Reptiliano, son vistos por los difamadores como los responsables de todo lo que sucede a nuestro alrededor.

Hablamos de religiones, grupos iniciáticos y filosóficos como si hubiésemos estado dentro de esas organizaciones y continuamos nuestra labor de sembrar odio.

La razón de todo ello es bien simple: "NO PODRA ESCRIBIR DE AMOR, QUIEN NO LO SIENTE"

La palabra amor encierra, lealtad, sacrificio, bondad, emoción infinita que une y armoniza y eso no puede experimentarlo una mente con discordia interna.

Solo la armonía, puede equilibrar la esencia misma que sostiene nuestra cadena de vida (ADN)

"No podrán los médicos curar el cuerpo, sin antes curar el alma"

Durante mucho tiempo les he estado diciendo la clave, que aunque parece sencilla produce el ajuste de todo tu organismo, unos lo recuerdan cuando lo leen, sin embargo lo olvidan, para seguir buscando lo que ya habían encontrado.

"La fuerza de la costumbre, crea el habito"

Seguir con esas ideas antiguas, donde falsos guías te llevan a su mundo con un solo fin, (destruir tu economía, para aumentar las de ellos), eso solo tú puedes evitarlo.

Repetir las definiciones que dan los que memorizan libros, es solo un modo de detener tu encuentro.

El Divino Maestro nos dejó su más sublima enseñanza, esa que produce de una palabra, una imagen creada para orgullo de nuestro propio entendimiento.

Hoy tú puedes descubrir esas imágenes, que guarda tu esencia para dejar que tú la observes.

YO SOY EL CAMINO
VERDAD DE VIDA
QUIEN LLEGA A MI
TENDRA VIDA ETERNA.
©Juanelmanu

LA VIRTUD DE TODOS

Afuera existe un mundo conspirando en contra de nosotros.

Ignorar ese mundo es ignorarnos nosotros mismos.

Hoy todavía podemos hablar.

En un futuro de continuar la vida en esta forma, hablar, pensar, crear, escribir y hasta vestir será un pecado.

Aquellos que no saben lo que tienen, al final lo perderán.

Aunque muchos creen no tener libertad, ellos en verdad desconocen lo que es vivir en la esclavitud.

La humanidad puede ser esclava en forma física o mental.

La decisión no es nuestra, la decisión es de los controladores, ellos son los que dan y quitan según sus intereses.

Dejar para mañana, lo que hoy puedes hacer, es no hacerlo nunca.

Vivimos atados a emociones invisibles que detienen nuestro impulso.

"Lo triste es que no nos damos cuenta"

Comienza hoy por no tratar de ser humilde al expresarte diciendo que no sabes nada.

Adjudicarte esas palabras, es condenarte a no salir de la cueva obscura donde hemos estado.

"Cambia, El Yo solo sé que no sé nada"

Desde hoy comiénzate a decir…

"YO SOLO SE QUE VOY A SABER MUCHO MAS, QUE LO QUE HOY CONOZCO"

¡El despertar es personal, pero vivir la gloria de la existencia, es virtud de todos!

©Juanelmanu

"LA VIRTUD DE SER QUIEN SOY"

Vivimos en un mundo donde la palabra VALOR cambia de significado según la persona que lo interpreta.

Recuerdo a un amigo que publico que por fin estaba viendo la luz al final del túnel.

Cuando leí su mensaje, me apure en decirle que se pusiera a salvo, que aquella luz era un tren que venía a toda marcha.

La humanidad sigue depositando su esperanza en aquellos que la publicidad les vende y aceptan como verdad absoluta todo lo que escuchan en los medios.

En este momento en que estoy escribiendo estas líneas, debo decir que por lo visto soy el único que visualiza la situación completamente diferente a lo que dicen los más famosos videntes, gurús, maestros, guías espirituales, astrólogos, todos coinciden que la señora será la primera mujer en la presidencia de Estados Unidos.

En notas anteriores he publicado que Septiembre y Noviembre son para mí unos meses donde cualquier cosa puede ocurrir y me refiero siempre a nivel personal o mundial.

El tiempo dirá si esas puertas siguen abiertas o han sido cerradas, lo cual lo dudo.

La visión que tuve donde pude ver multitudes abandonando la vida, no creo que solamente se estaba refiriendo al temblor de Italia, espero que podamos pasar las diferentes pruebas que se avecinan y que el nuevo amanecer nos traiga la alegría que tanto necesitamos.

Ayer una hermana me dijo que yo era uno de los tantos que veían conspiración en todos lados y que mi única actitud era llamar la atención.

El látigo verbal muchas veces duele más que el físico.

Pero nada, debemos acostumbrarnos a que se nos ofenda.

Mi gran México un país maravilloso, lleno de tradición, de fe, de amor, de alegría, donde sus montañas ocultan templos milenarios y los arqueólogos se maravilla cada vez que arrancan un fragmento de la historia oculta.

Ese México, con una tradición de amor, hoy pasa la mayor prueba en toda su existencia.

"Odiar o Amar"

La enseñanza del Divino Maestro hoy más que nunca nos permite hacer la elección correcta.

Sr. Trump somos un pueblo digno, lleno de errores pero con una grandeza ancestral, hemos caído en la tentación que produce la confusión de los sentidos, pero hoy surgimos una vez más para decirle que conquistaremos el lugar que nos pertenece y que defenderemos nuestra cultura india con gran orgullo y dignidad, y nuestros hombres y mujeres agradecen la oportunidad que se nos brindó, solo pedimos trabajar juntos para vencer las lacras que ambos países tienen por descuido de nuestros propios gobernantes.

Hagamos con nuestra acción conjunta un nuevo camino de prosperidad capaz de ser imitado por otras naciones.

No necesitamos muro, somos un solo pueblo con raíces unidas en la profundidad de los tiempos y juntos venceremos los obstáculos que se nos presente.

Ambos pueblos solo necesitan la orientación correcta que nos conduzca hacia la liberación de las ambiciones desmedida.

Sabemos que juntos si podemos y estamos dispuestos a transformar nuestro suelo en lugar de descanso para disfrute de turistas a nivel mundial, bellezas naturales e historia nos sobran en todo nuestro territorio.

Volveremos a crear fuentes inagotables de trabajo donde nos

sentiremos orgullosos de compartir con nuestros ancianos.

Somos y seremos una fuente inagotable de riqueza en el orden turístico.

Ayude pues a levantar nuestro estándar de vida basado en el respeto y el amor mutuo, de sobra sabemos que muchas personas jubiladas vendrán a ocupar lugares donde disfrutaran del regocijo que da contemplar nuestras playas.

"Hagamos de México y Estados Unidos una unión sin frontera, ambos representamos un solo nombre AMERICA"

YO SOY EL CAMINO
LA VERDAD Y LA VIDA
QUIEN LLEGA A MI
TENDRA VIDA ETERNA.
©Juanelmanu

LA VIDA ETERNA

Para muchos es un cuento creado por religiosos que tratan de prometer algo que nadie nunca podrá alcanzar.

Muchos han criticado mi forma de terminar mis notas.

En su ignorancia continuada, creen que esto fue dicho por el Jesús Histórico.

Sin detenerse a meditar lo que esto encierra, critican lo que para ellos es imposible de conseguir.

"Y están en lo cierto"

El envidioso, lleno de odio y luchas mentales, no puede ni podrá nunca liberarse de la cadena invisible creada por su propio pensamiento.

En su afán de destruir la esperanza que otros anidan estos se llenan la boca para decir que yo no tengo la verdad y que hablar de la misma es ofender su inteligencia.

Bonita manera tienen estas personas de esperar que la verdad llegue a ellos.

Muchas promesas surgen a diario y en ellas se les dice el método práctico de limpiar los Chacras, de limpiar el Aura, de activar la Glándula Pineal, de abrir el Tercer Ojo, algunos llegan a prometer llevarte a ver los Registros Akashico.

"Es terrible ver como los vivos viven de los bobos y los bobos de su trabajo"

Esos que dicen ser contactados y que pueden comunicarse con un número indeterminado de entidades y que ellos le han puesto nombres sofisticados para conducir la desinformación de forma creíble, (esos están a la orden del día)…

"Una sola mentira es suficiente para que toda la historia se derrumbe"

Lo triste es el daño que estos señores producen en las personas que buscan información en este mar de locura.

Me he encontrado personas repitiendo palabras que han sido creadas por mí, pensamientos profundos que solo quien ha estado en ese lugar, puede entender lo que encierran, como ellos solo escucharon campanas sin saber lo que encierra ese sonido, cuando le hacen una pregunta se encuentran que tienen que decir que explicar todo eso tomaría mucho tiempo y conocimiento para poderse entender…

Lo maravilloso es que estos señores han creado un modo de vida de todas estas historias.

Todos ellos hablan de muchas cosas, pero les es imposible documentar una sola…

Al final la noche termina y las personas allí reunidas regresan a sus hogares con ideas abstractas que le harán creer que han adquirido un conocimiento y que ya pueden repetir las palabras que logran retener de toda aquella historia.

"Aquí y ahora"

"Karma"

"Kundalini"

"Anunnaki"

"Draconianos"

"Reptiliano"

Y otros ANO que para que seguir mentándolos.

Hoy te voy a decir algo que quiero que retengas en tu subconsciente.

"La verdad, solo la encuentra quien la busca"

"Toda la verdad cabe en un vaso de agua"

"Todo el infinito visible e invisible, cabe dentro de una milésima de gota de agua que está dentro del vaso"

"Nadie tiene que tratar de conseguir toda la verdad"

"El secreto no es conocer la verdad, el secreto es vivir en ella"

Este simple pensamiento te tomaría siglos en descubrir, sin embargo aquí está de forma simple, sin costarte nada, sin pedirte nada, sin imagen, ni canto, ni rezo, ni piedras de Cuarzo, ni velas, ni incienso, sin mantra, sin hablar del alma, ni la conciencia, ni el espíritu, sin decirte que soy un contactado que mantengo información con una entidad extraterrestre.

"Lo más simple es lo más efectivo"

"Solo tienes que saber algo, querer es poder y si tú quieres tu puedes"

"Nuestro desarrollo llega sin tu forzarlo, solo el amor a ti y por ti, llega a ti"

Amate y respétate y recuerda que siempre estará presente aquel que es tu verdadero ser, ese que te envió a vivir la experiencia de la carne, ese que espera llegues frente a él para recibirte con la alegría del que se encuentra con su propia imagen.

Ese que te creo a su idea y semejanza, ese que tú a diario ves en tu espejo y que no sabes porque existe allí, cuando pudiera estar dentro de ti.

No leas esto de prisa, tienes tiempo suficiente para despertar, solo estudia y escribe todo lo que tu subconsciente te va dictando y luego, Mañana o Pasado, lee y mira de nuevo lo que ha sido y será motivo de alegría.

YO SOY EL CAMINO
VERDAD DE VIDA
QUIEN LLEGA A MI
TENDRA VIDA ETERNA
©Juanelmanu

LA VERDAD

Cada uno contempla su verdad atravesó de un cristal llamado EGO

Por mucho que trate de decirte cual, donde y como encontrar la misma, tu ego no te permitirá aceptar lo que tú misma creaste.

Desde niños aprendimos a vernos nosotros mismos de acuerdo a lo que producíamos en nuestro rostro.

Así aprendimos que cuando mirábamos la persona que teníamos frente a nosotros, esta se apuraba en decir…

"Y porque esta tan serio"

"Él no se ríe"

"Tendrá hambre"

"Mira se rio"

"Por qué llora el niño"

Nos fueron robotizando e idiotizando y ahora siendo un adulto, crees que tienes una idea de lo que es la vida.

Cuando hiciste algo mal hecho, se apuraron en decirte:

"Recuerda que dios te está mirando"

"Dios te va a castigar"

"Arrodíllate y reza a la virgen, tres padre nuestro y tres ave maría"

Esto solo es el comienzo, luego vinieron aquellos que utilizaban el maligno para producir el estado de culpabilidad, diciendo una y otra vez que estabas formando parte de aquella figura creada por los Templarios.

Hasta donde llega una imagen a tomar forma en nuestro subconsciente.

Aquella imagen llena de simbolismo era como aquellas figuras de leones alados que se ponían a la entrada de los templos y que producía en los neófitos pánico y terror.

La ignorancia mata a los pueblos y el miedo los petrifica.

Un Templario tenía que probarse a sí mismo que el miedo y la superstición no formaba parte de su vida.

En las escuelas de los misterio en Egipto, el aspirante según iba avanzando se tenía que enfrentar a diferentes pruebas, de ahí que la masonería somete al neófito a la iniciación con los ojos tapado.

"Aquel que no ve, abrirá sus ojos solo cuando adquiera el conocimiento"

Aquel que critica lo que desconoce, solo manifiesta su ignorancia.

Mientras el conocimiento te libera, la ignorancia te esclaviza.

Hoy te entrego un surco limpio para que plantes la semilla que dará el fruto del eterno conocimiento.

"Solo encuentras la verdad si la buscas"

"Transforma tu ego en ajo y llora de alegría al limpiarlo"

Mientras aprendes a conquistar la grandeza de tu propio ser, yo estaré diciendo:

YO SOY EL CAMINO
VERDAD DE VIDA
QUIEN LLEGA A MI
TENDRA VIDA ETERNA.
©Juanelmanu

LA UNICA VERDAD

Solo existe una, grande, inmensa, poderosa, capaz de abarcar cada rincón del planeta, con una sola diferencia, esta fue dividida en diminutos pedazos, los cuales cada uno posee fragmentos, que tratarlos de unir es imposible, ya que ninguno se ajusta al otro.

Quien dice que la verdad está dentro, no miente, el único problema es que nunca vas a poder saber el verdadero significado que allí se encierra.

"La ignorancia nace de la desinformación"

Aquellos que dicen que nadie posee la verdad, esos se cierran la puerta que conduce al entendimiento.

Muchos son los que creen tener la verdad y defienden esos fragmentos que por momento dejaron ver su luz, esto ha producido en el EGO una ceguera que nos hace creer que lo percibido encierra el conjunto.

"Quien no da lo que tiene, solo encontrara lo que vio"

Ese amor que muchos pregonan que tienen no es para amarte a ti mismo, por el contrario ese amor es para darlo a tu prójimo como a ti mismo.

Pero para eso tienes que dejar de ser tú y pasar a convertirte en parte del todo.

Ese es el secreto que comparten aquellos que comprenden el camino y que pueden repetir conmigo.

Yo soy el camino.

Verdad de vida…

Esto no es una simple palabra para terminar una nota, esto es un compromiso que me une a todo aquel que quiere escuchar y compartir la verdad.

Encontrada y entregada por el mismo Anciano de los Días y no fue ayer, fue hace mucho tiempo y si no lo dije antes es porque no me lo habían autorizado, hoy retirado y con tiempo suficiente, la comparto con ustedes.

Si nuestro protagonismo no nos permite aceptarlo, si los conceptos encontrados por ti durante tu caminar, si teorías e ideas creadas para confundirnos son más de tu agrado, entonces continua con tu programación mental.

El sol nunca se podrá tapar con un dedo, mucho menos con palabras que carecen de fundamento.

Nuestro fin es sacar los fragmentos y ponerlos a disposición de otros para juntos poder crear un panorama más amplio donde al final solo encontraras, lo que hoy te estoy diciendo.

Mientras trata de poner en orden tu mundo interior, yo seguiré dándole al exterior toda mi experiencia.

El camino es largo, comprende muchas existencia, yo ofrezco la vida eterna, pero solo para aquellos que lo desean, si tú quieres detenerte, hazlo, si deseas desviarte hazlo, si crees que lo que has encontrado es suficiente, perfecto…

No obligamos a nadie a seguir lo que yo digo y hago, tú eres tu propio mundo viviendo tu propia realidad, disfrútala.

Buena o mala, es la tuya, te pertenece, no es ningún pecado el vivir nuestra propia experiencia, solo tienes que recordarte que terminado el plazo al final, podrás regresar al camino, ya que el mismo siempre estará en el mismo lugar.

Mientras tanto yo seguiré diciendo…
YO SOY EL CAMINO
VERDAD DE VIDA
QUIEN LLEGA A MI
TENDRA VIDA ETERNA.
©Juanelmanu

LA TORRE DE BA BEL

La historia narra aquel hecho, donde cada uno ha creado su propia interpretación.

Hoy en día muchos dirán que aquello fue obra de los Anunnaki, mientras otros dirán que fueron los Reptiliano.

En el mundo de locura donde la realidad es fantasía y la fantasía es realidad, alguno saldrá diciendo que todo aquello fue idea de un ancestro de Donald Trump, que ya en aquel tiempo quería vender la idea de la creación de rascacielos.

La humanidad aunque muchas veces encuentra obstáculos y opiniones adversas a toda idea futurista, hoy vemos que las grandes capitales del mundo exhiben con orgullos esos altos edificios que nunca podrán igualarse a lo que fue conseguido en BA BEL.

Las religiones retrogradas crearon su propia versión de los hechos.

"Dios observo que el hombre quería llegar a su dominio y creo las diferentes lenguas para producir el caos entre los constructores.

En verdad ningún dios participo ni para bien ni para mal, la destrucción se origina de la falta de conocimiento de los constructores, los cuales desconocían las leyes físicas que mantienen el equilibrio.

Aunque algunos no les guste que les llame tontos, yo seguiré llamando por su nombre a los que siguen el mundo de la tontería.

Aquel que quiera continuar con su creencia, ya que en ese mundo se siente satisfecho, lo primero que tiene que hacer es documentarse para lograr un respeto.

Repetir la misma tontería es engordar el cerebro, pero no lo estas alimentando.

Actualiza tu información y con ello ganaras el respeto de los que te escuchen.

Son miles los que escriben y dicen tener el conocimiento y la sabiduría.

Son muchos los que venden ideas y conceptos sobre curación.

Son muchos los que se llenan la boca para hablar de ángeles, colores, perfumes y piedras.

Son muchos los que hablan de la Ley de la Atracción.

Pero todos cuando se ven acorralados huyen y se esconden detrás de la indiferencia.

El hermano que publica una dolencia seria, debe de atenderse con prontitud.

Muchos hablan de la Biblia, pero pocos son los que entienden los secretos que ella encierra y como no has entendido has buscado a otro para que te la explique, como consecuencia de ello te has visto envuelto en la tela de la araña y al final de alejaste sin el verdadero conocimiento.

Muchos dicen que toda la verdad está dentro de ti, pero nadie señala como conseguir esa información y como un modo de decir que sabemos, hablamos una y otra vez de la glándula que está de moda... La Pineal...

Muchas personas están tan cargadas de virus, que solo tienen una cura, vaciar el disco duro y volverlos a programar y eso no se logra si no es con tu propia decisión.

Es tiempo de limpiar el surco, sembremos de nuevo un mejor concepto nutrido con abono de esperanza y les garantizo que podrán obtener frutos de mejor calidad.

YO SOY EL CAMINO
VERDAD DE VIDA
QUIEN LLEGA A MI
TENDRA VIDA ETERNA
©Juanelmanu

LA REENCARNACION

Muchos hablan sobre este tema, sin embargo poco son los que tratan de explicar si todo esto en verdad existe.

Nuestro mundo es una mescla de diferentes realidades, quien así lo entienda podrá sin temor a equivocarse poder decir:

"Somos una realidad que existimos, mientras estamos vivos"

Los tontos que son muchos se nutren de la desinformación y a diario vemos como algunos se unen al carro de la ignorancia para repetir lo mismo...

"Aquí ya hace aquel señor, que murió dejando una fortuna, porque no pudo llevársela"

El caso que voy a señalar es conocido en el mundo entero.

Los nombres han cambiado, sin embargo en ambos casos estos han hecho una fortuna cantando.

Los dos conquistaron los corazones de las personas, (no por su físico), sino por su voz, melodía y forma de expresar las canciones.

En ambos casos la misma persona regresa para continuar su labor de entretener a las multitudes.

En el primer caso nació como Frank Sinatra, en su nueva vida recibe el nombre de Marc Anthony, en ambos casos llegan a poseer una fortuna cantando.

Personas como estas nos rodean a diario y nosotros ciegos a una realidad que no comprendemos, no vemos lo que es palpable.

Espero que este ejemplo, te enseñe que aunque no recuerdes tu vida anterior, esta puede determinar tu vida futura.

Existen razas que ya conocían este secreto y ellos durante milenios, han luchado por mantener el control de sus propios clanes.

**YO SOY EL CAMINO
VERDAD DE VIDA
QUIEN LLEGA A MI
TENDRA VIDA ETERNA.**
©Juanelmanu.

"Somos una fuerza sin rumbo"

Vivimos en un barco que no tiene timón.

Pensamos y seguimos lo que nos impone la moda.

Lo triste es saber que podemos cambiar, pero nos falta valor, actitud y sabiduría.

Muchos se conforman con hablar en contra de los dioses, para ellos tratar de destruir la costumbre es su mejor arma.

Dentro de este recinto de fantasía, la realidad es triste y preocupante.

La fuerza de la costumbre ha creado hábito y esta nos mueve al haber perdido el control de nuestros actos.

En nuestro afán de mantener nuestro protagonismo no nos damos cuenta que estamos contribuyendo al desastre, tanto físico como emocional.

Hemos aceptado la mentira como verdadera y nos conformamos con contemplar nuestra propia destrucción y todo ello sin mover una partícula de nuestro ser para evitarlo.

"La indiferencia existe mientras nosotros lo permitamos"

Seamos militantes, cuando leemos algo que nos motive, actuemos con prontitud, hagamos que otros amigos y familiares, reciban también la información.

"Somos seres imperfectos, creados para encontrar la perfección"

Si nos hubieran creado perfectos, no podríamos participar de este experimento, seamos participe aportando resultados que detengan el camino que nos conduce hacia nuestra propia destrucción.

"Ver cometer un crimen y no hacer nada es cometerlo"

Nuestro verdadero crimen no es protestar, nuestro crimen es no tratar de mejorarnos cada día, dando y aportando lo mejor de nosotros.

No seamos juguete de esos que nos controlan incitando el odio, racial, político y religioso.

Recuerda las palabras del Divino Maestro: - ¡Deja que los muertos entierren a los muertos!

Muchos quieren confundirte diciendo que cuando mueres te vas sin nada, eso es pura mentira, todo lo que siembras será cosechado a su debido tiempo.

Tu fracaso es ver la vida como una existencia de un día, cuando en verdad eres un ser que vive y reina por los siglos de los siglos.

Todos los días surgen nuevos guías, esos que crean formulas sofisticadas para prometerte la curación, la riqueza y la sabiduría.

Las células de tu cuerpo no necesitan que tú la confundas con ideas que tú mismo todavía no entiendes, no te das cuenta que tu exterior no lo controlas, como puedes imaginarte por un segundo que ese descontrol lo debes de llevar a tu mundo interior. Por favor despierten….

Solo encuentras la verdad, si la buscas y esta la has tenido cerca de ti, sin embargo te dedicas a buscarla lejos.

Recuerda que una sola palabra tuya, puede cambiar los hechos.

SOL LINDO,
SOL HERMOSO,
TU QUE VIVES
Y REINAS EN ESTE PLANETA
DAME……………………………

Si después de esto sigues buscando, entonces es que te gusta vivir en la mentira.

Yo soy Juanelmanu, tu hermano y amigo, dándote a ti, lo que quiero para mí.

©Juanelmanu